संवेदना

संवेदना

श्री सुभाष

KALPAZ

संवेदना

ISBN : 978-93-8639-709-6

भारत में सन् 2018 में प्रकाशित

कल्पाज पब्लिकेशन
सी-30, सत्यवती नगर,
दिल्ली-110052
Phone : 9212142040
ई-मेल: kalpaz@hotmail.com

मुद्रित: जी. प्रिंट प्रोसेस, दिल्ली

विषय सूची

1

आईना देखा, मन का

आईना देखा, मन का,
तन की रंग से मैला था।
दन्त विषैला, जिह्वा लपलप,
लार टपकते लालच के,
चक्षु थे वासना के भूखे।
मैंने पूछा,
मेरा तन–मन क्यों ऐसा।
उदर पीत से विष का पाचन,
हृदय–धमनियों में,
प्रवाह तरल गरल का,
फेफड़ा सिकुड़ा, गुर्दा मुर्दा,
आंत निश्चेष्ट, लहू है ठोस,
मैंने पूछा,
मेरा तन–मन क्यों ऐसा।

कर्म है मेरा,
खुदगर्जी, मनमर्जी का।
पदचाप अहम से,
हिलोरे मारे।
बंद मुट्ठी है,
भुजा भुजंग बन।
ठोकर मारे,
धीर विचार को।
आवाज, आगाज में,
लहू का सैलाब।
मैंने पूछा,
मेरा तन–मन क्यों ऐसा।

क्रोध, वासना का
कर्तव्य प्रतिमान है।
स्वजन पक्षपात का,
प्रचार प्रसार है।
होड़ में तेरे मिथ्या, स्वार्थ है।
फिर क्यों पूछे,
मेरा तन–मन क्यों ऐसा।

* * * * *

2

मैं, मैं, में ही खुद हूँ!

मैं अम्बर हूँ,
मैं धरती हूँ,
मैं सृष्टि हूँ,
मैं ब्रह्मा हूँ,
फिर क्यों मैं,
मैं, मैं, में ही खुद हूँ।

मेरी आशा,
मेरी अभिलाषा,
मेरी महत्वाकांक्षा,
मेरी श्रेष्ठता की परिभाषा,
मैं, मैं, मैं, में ही है।

मेरी उमंग,
मेरी तरंग,

मेरी उड़ान,
मेरी अहम में।
भूल गया मैं,
मैं मैं में,
मैं तो एक हूँ, एक अदना सा इंसान।

मैं की दोहन,
मैं की विनाश,
मैं की विभित्सका के,
प्रारब्ध सोच से,
थर्र, थर्र, थर्र,
काँप रहे हैं, हम–सब।

मैं की चाल, एक विनाशकाल है।
अवनि, अम्बर का सुप्त काल है।
फिर क्यों मैं,
मैं, मैं, में ही खुद हूँ।

* * * * *

3

ऐसा क्यों

एक खुदा,
कुछ पे मेहरबान,
ऐसा क्यों।

चंद इंसान,
है फरिश्ते,
है फाजिल,
है शूरवीर,
है कर्म वीर,
शेष निठल्ले,
ऐसा क्यों।

एक फरमान,
अच्छी किस्मत,
एक के नाम,

शेष नाकाम,
ऐसा क्यों।

एक प्रश्न,
सारे सौगात,
कुछ के हाथ,
ऐसा क्यों।

एक विचार,
मैं कौन,
मेरी अस्तित्व क्या।
मेरी पीड़ा, वक्त बेवक्त,
ऐसा क्यों।

एक पैगाम,
खुदा के नाम,
रहबर तुम,
बन्दे तेरे,
फिर अंतर क्यों।

* * * * *

4

वो मिट्टी कहीं, वो मिलती नहीं

यूं की मैं,
ढूंढ रहा मिट्टी,
वो मिलती नहीं।

यकीन नहीं तो,
दो फलांग चल कर देखो,
कंक्रीट के जंगल में, खो गई,
वो मिट्टी कहीं, वो मिलती नहीं।

यूं की,
आज रहता मैं,
कंक्रीट के मंजिलों पे,
तलाशता फिर रहा,
खोई, अपनी वो जमी,
रहती है जहाँ, वो मिट्टी,
और उसकी सौंधी–सौंधी सी महक।

यूं की गला रुंध आया,
मिट्टी में. है मिलना,
मिट्टी सा, ही होना,
क्यों मिट्टी से विमुख, मैं,
खेल रहा अहम के जमीं पे,
मिट्टी छोड़, हवा में मैं।

* * * * *

5

ये चाहत है तेरी

ये चाहत है तेरी, क्यों रह गई अधूरी, जब भी मैं सोचता हूँ
बेचैन हो मैं, फिर लिखता हूँ।
तुझे कॉलेज में न देखा, न बाजार में देखा,
जब भी देखा तुझे अपना सा ही मैंने देखा,
तेरी आँखों से टपकती थी वो शराफत जो तेरी,
वक्त थम सा गया था, आसमां जमी से आ मिला था,
मैं और तू थे साथ था वक्त भी, सभी थे एक नाव पे ही।
कभी न सोचा, यू छोड़ जाओगी,
दो कोमल से हृदय को कठोर कर पाओगी,
वो शराफत, वो तमन्ना, वो इजहार, वो इकरार,
हवा हो गए हैं, तुम्हारे ही साथ,
बचा क्या है ये तू बता के तो जाओ,
यूं उम्र भर का शायर बना के तो न जाओ।
लगा था मैं जो भंवर से गया मैं,

पता क्या था मैं बवंडर में फिर फँसा मैं,
बता जाते तू ये जो किस्से ये पहले,
फंसा न होता, फिर भँवर में मैं ऐसे,
चलो तुम जो गए, लिखने लगा हूँ।
बुरा मानो या भला, मैं आशिक हो गया हूँ।
तमन्नायें जो लिखने की फिर प्रखर हो रही है,
कवि की ज्योति जला तो गई तू,
बुझाने को बस मैं लिख रहा यूँ ही।

* * * * *

6

एक रुमाल–एक रद्दी के टोकरी में

एक रुमाल था,
एक हसीना का,
दीवाने के हाथो में।

शोख सी हसीना,
निर्दोष सा दीवाना,
तन्हाई के आलम में,
गमख्याली के
जुगाली में लगे थे।

एक कप कॉफी का,
बड़े चाह से,
लुत्फ उठाते थे।
दोनों जब कभी
रश्क कर जाती थी दुनिया।

आह निकले दीवाने की।
कभी ये हसीना,
अपने लबो से चुम कर,
ब्लैक कॉफी भी
मीठी कर जाती थी।

आज आलम यह है,
समा भी है, परवाना भी है,
साथ में मीठी कॉफी भी है,
न जाने क्यों,
हसीना की इनायत जफा है।

क्यों जुदा हो,
सदा कर गई,
दीवाने को।
हाल ये दास्तान,
किसको पता था,
बस साथ था एक रुमाल,
हसीना का, दीवाने के हाथो में।

बचा क्या था,
अक्स, अफसोस या अलाप।
कंपकपा रहा था, दीवाना,
ठण्ड या लथपथ पसीने से।

पास न था कोई,
हमसाथ था बस एक रुमाल।

हसीना का ये खबर,
एक तमाचा था,
अफसोस प्यार तो,
एक तगादा था,
बिक चुका है आज वह।
हसीना किसी और परवाने की
हूर हो रही है।

चंद दिनों की मेहमान हूँ,
अब मैं किसी और की जान हूँ।
दीवाना, बेगाना सा हुआ,
बदहवास हो आग्रह किया,
चलो भाग चले, कहीं और चलें।

हसीनों का जलवा देखो,
आग बबूला हो बोली,
मोहब्बत तो,
कुछ दिनों की सौगात है।
जीवन तो सुकून से बिताने दो
इज्जत परिवार की, निभाने दो।

दीवाने के हाथो में रुमाल था,
रोश में सोच न था।
बस संभाल कर रखा,
वो रुमाल, सोचकर
किसी दिन हसीना का,
बहते हुए अक्स से गीली करेगा।

आज दीवाने के हाथो में,
साथ रहता, जो हमसाये सा।
बटुए के एक कोने में,
न जाने वह रुमाल न था।

न जाने क्यों दीवाने ने,
फेंक दिया आज,
एक रुमाल को,
एक रद्दी के टोकरी में।
खास था वह लम्हा।

मैं ही वो दीवाना हूँ,
आज खुद से खुद
पूछ रहा हूँ,
क्यों फेंक दिया,
उस, एक रुमाल को
एक, रद्दी के टोकरी में।

* * * * *

7

एक बार फिर... ... ...।

एक दिन,
एक शाम,
एक बहाने से,
एक जाम हल्क कर,
एक बिछड़े तराने को,
एक बार, फिर से तलब किया।

एक सिहरन,
एक कंपकंपी,
एक फरेब किस्मत का,
एक खो चुकी एहसास,
एक बार फिर, पाने की चाहत में,
एक दिल, बेचैन हो गया है ।

एक सोई याद, जागी जागी सी।
एक मैं, एक तू,

एक तमन्ना, हम दोनों की,
एक बंदिश खुद की,
एक धोखा खुद से खुद का,
एक सदा बन, आज, गमजदा कर गया।

एक ख्याल,
एक दिल मेरा ही बेचारा,
एक कर अनेकों हारों को सहता,
एक अकेली रात में डगमगाता, क्यों आवारा।

एक, एक, कर अनेकों, ख्यालों के आवेग,
एक मैं, संवेगों के भंवर में हिचकोले ले,
एक पल डूबता, एक पल उठता,
बह चला।

एक अनंत इंतजार, मेरा तेरे लिए, कहता,
एक आखिरी इल्तिजा,
एक मैं, तुम और हमारा साथ,
एक बार फिर.... ....।

* * * * *

8

भाई ऐसा कब तक चलेगा

भाई ऐसा कब तक चलेगा, बॉस ने बोला,
जब तक चल सकता है तब तक चलेगा, मैंने बोला।

भाई ऐसा नहीं चलेगा, बॉस ने बोला,
ठीक है जैसा चल रहा है चलेगा, मैंने बोला।

बॉस को खीज आया, ऐसा लगा जोरों से जुकाम का झिक आया,
गला खड़खड़ाया और जोर से चिल्लाया, भैया ऐसा कब तक चलेगा।

दिला दो, करा दो, मैंने बोला, मानवता के नाते,
मेरे बॉस, चिल्लाने के अलावा और भी कुछ करा दो।

बॉस को और जोर से गुस्सा आया, क्या समझा है,
तुझे दरवाजा दिखाता हूँ, नहीं तो नागालैंड भेजता हूँ।

मैंने बोला बॉस जाने के लिए तो मैं भारत में कहीं भी चला जाऊँ,
पर मेरा कुछ तो करवा दो, नहीं तो मुझे लॉक अप में ही बंद करवा दो।
बहुत हो गया ये चिक–चिक। बहुत हो गया ये चिक–चिक।

क्या करवा दो, दिला दो, लगा रखा है,
भाई माजरा क्या है, कुछ तो बता दो।

मेरे बॉस दुनिया में अकेला हूँ, साथ में कवि हो रखे ला हूँ,
इसके ऊपर से नीम चढ़े करेला है कि, प्यार करने की शोहबत पाल रखेला हूँ।
जिसे हमने आज तोहमत बना रखेला है।

मेरे बॉस, न मुझे इकबाल या गालिब या इंकलाब बनना था,
मुझे तो बस एक इंसान के साथ इंसान बनना था।
कुछ न दिलाओ, बस ये दरियादिली दिखाओ,
की तुम भी हमारे साथ आओ, और साथ जी के दिखाओ।
और फिर बोलकर दिखाओ की भाई ऐसा कब तक चलेगा !!!!!!!!!

* * * * *

9

सुड़कते चाय की चुस्की

वो चौराहे पे बैठकर
टूटे कप, टूटे प्लेट में,
सुड़कते चाय की चुस्की, और,
इधर उधर की गपशप,
कितनी जीवंत है, ये जिंदगी।

यादों के तराने, खट्टे–मीठे,
भूले दोस्त, दुम हिलाते,
सड़कछाप कुत्तों का जमघट, और,
बिस्कुट, डुबोते, चाय के साथ बतियाते,
खुशियों की इस जहाँ, की ही तलाश थी।

वो अखबार का घुमता पन्ना,
कभी इस हाथ, कभी उस हाथ,
चर्चा–परिचर्चा में नरम–गर्म माहौल,

आवाजों का ऊँचे–नीचे तीक्ष्णता।
उद्वेलित मन, और चौराहे का कोलाहल में,
मैं गर्म चाय के साथ, इतना शांत कभी न था।

ठन्डे रिश्ते, चाय की चुस्कियों से,
बहते लहू में गर्माहट पैदा करती।
तभी उसका चौराहे से गुजरना, और,
लल्लन का प्लेट ठक–ठकाना।
देखा, वो अपनी याराना जा रही है।
अँधेरे दिल, इतना रोशन पहले कभी न था।

काश, सुड़कते चाय की चुस्की में, जीवन यूँ ही, सरकती जाये।

* * * * *

10

हमने भी गालिब, इकबाल बनने की कोशिश की

हमने भी गालिब, इकबाल बनने की कोशिश की,
इनके पदचिन्हों पर कभी चलने की कोशिश की।

कमबख्त हाथ में बोतल था, और बस उसका सोच था,
निकल पड़े उनके ख्याल खमाली में।

सोचा न होश कहां था, मदहोश से तीन प्याली में,
सामने से कुकुर आ रहा था, सोचा किधर जाऊँ,
बाये जाऊँ की दाये जाऊँ, इसी उहापोह में था,
कुकूर ने भी भांप लिया, वह बाएं गया न दाएं
बस आक्रोशित हो सीधे ही आक्रमण किया।

कहीं रेबीज न हो जाये, अब तो सिर्फ कुकुर का ही ख्याल था,
क्या करें न करें इसी डर से हम बेहोश हो चले।

मेरे दोस्त कभी भी अपनी गम ख्याली न करना,
तोहमत कुफ्र के तुम ही भुक्त भोगी होंगे।

गालिब या इकबाल का क्या होगा, ये तो अपना मुकाम
लिख कर चमन के फाजिल आफताबी है।
हम तो बस इनकी शोबहत के दीदार के काहिल हैं।

* * * * *

11

पूंजीवाद की माया

न कमाया तो क्या माया, न गवांया तो क्या माया,
न सोया तो क्या खोया, न पाया तो क्यों रोया।
न देखा तो क्यों पछताया, अब पछताया तो क्या पाया,
न पढ़ा तो क्या पाया, न पढ़ाया तो क्या पाया।

न वंशवाद में क्या पाया, न प्रजावाद में क्या पाया,
न मूल्यों के ह्रास में क्या पाया, न टूटते हुए रिश्तों में क्या पाया।

न में मेरी आपने मेरी नकारात्मकता पाया, ये सोचा आपने।
न देखा आपने इस दौड़ में, न कितनो को खो दिया आपने।

न लहू का रंग लाल रहा, न तो कोई ऐसा माइ का लाल रहा
न की खेल में, न पुराने ही रहे, न नए हो पाए,
न प्रजातंत्र हो पाया, न समाजवाद हो पाया।

हाँ हम खो गए इस पूंजीवाद की माया में जिसने
व्यक्ति, समाज, देश, दुनिया को ऐसा भरमाया है,
न राम रहे, न रहीम रहे, न गुरुनानक रहे, न क्राइस्ट रहे,
बस डोनाल्ड, मैकडॉनल्ड, ट्रम्प और बस व्यापार रहे।

* * * * *

12

एक कौआ, एक कबूतर, एक तोता

एक कौआ, एक कबूतर, एक तोता
तीनों ने मिलकर सोचा, क्या सोचा,
इंसान को खाने का सोचा,

दाने–दाने को है मोहताज,
कभी बाढ़, कभी सूखा,
कभी इंसानों का बम ब्लास्ट,

इन सब ने धरती की धार बदल दी,
गुरुत्वाकर्षण की चाल बदल दी,
सागर, नदिया, धर्म, इंसान,
ईमान, हो गई है सदियों की सोच,
हम तो, हम तो, तीन चिड़ियाँ,
दाने–दाने को खाने को है मोहताज।

बच्चा बैठा देखो रूठा,
पर क्या यह भी है सच्चा,

मानवता की दानवता की छद्म चाल में,
क्या बच्चा, क्या जच्चा, क्या कौआ, क्या तोता,
सब खोकर केवल मैं का स्वार्थ ले दौड़ पड़े हैं।
देखे क्या होता है, देखे क्या होता है, बस सोच रहे हैं ।।।

* * * * *

13

लटका वो पंखा और वो इंसान।

कमरे में लटका पंखा और
लटका, एक इंसान, पंखे से।
वो इंसान कौन,
नर है या नारी,
है कभी बच्चा,
कभी अर्ध वयस्क,
कभी अधेड़,
कभी वृद्ध।
उम्र नहीं,
छोड़ हर बानगी,
लटका वो पंखा और वो इंसान।
क्या संयोग,
क्या वियोग,
क्या संश्लेषण,

क्या विश्लेषण,
हर उक्ति, परिधि से स्वतंत्र, स्वछंद,
लटका वो पंखा और वो इंसान।
शून्य विचार,
विक्षिप्त समाज,
सिकुड़ती मर्यादा और टूटते रिश्ते में,
एक अधीर इंसान की पदचाप,
एक रुमानियत और सिहरन,
उस लटके पंखे और इंसान की।
नियति की चाल,
अँधेरे में उजाले की प्रतीक्षा,
और जड़मत समाज ।
लटके पंखे और लटके इंसान की,
सदियों पुरानी वो निर्दयी दास्तान।

* * * * *

14

खोज रहा हूँ मौत, अभी मिली नहीं

मौत कब आती है, कब जाती है,
खोज रहा हूँ, मिली नहीं।
अफसोस जब भी आती,
बता के नहीं आती,
सिर्फ और सिर्फ,
किसी को धीमे से हँसा जाती,
किसी को गले तक रुला जाती।
खोज रहा हूँ मौत, अभी मिली नहीं।
पता है तो रास्ता दिखा दो सही।

मौत का इंतजार, नहीं किसी को,
भाग रहे हैं, पता नहीं,
मरते हैं हम,
बेमौत ही मौत के कई लम्हे।
क्यों भाग रहे हैं फिर, पता नहीं।

खोज रहा हूँ मौत, अभी मिली नहीं।
पता है तो रास्ता दिखा दो, सही।,

सुप्रभात की बेला में, शव वाहन था खड़ा,
भीड़ थी उजले कपड़ों की,
नर थे नारी थे, दूर खड़े थे सारे,
खड़ा था एक वृद्ध, शव पेटी के साथ,
कुछ खोया सा, कुछ रोया सा,
खड़ा हो गया मैं, ये देख, क्योंकि,
खोज रहा हूँ मौत, अभी मिली नहीं।

कैसी महिमा है, खुश हैं सारे,
छोड़ उस वृद्ध को,
लगता कोई उसका अपना खोया !
सोच रहा हूं, कौन है अपना,
पास खड़े हैं बेटा–बेटी, कुनबा सारा,
फिर कौन है अपना।
खोज रहा हूँ मौत, अभी मिली नहीं।

जीवन क्या, मैं भाग रहा था,
सोच रहा था, मैं था अपनों के बीच।
कौन है अपना, प्रश्न चिन्ह है।
जाते वक्त तो कोई साथ न है,
फिर क्यों मोह माया, इन कुनबों पे,
अंत होने पर, जब हाथ कुछ न होये।

विडम्बना देखो, मेहनत अपना,
बाँट लिए इन कुनबे वाले,
कर्म–कुकर्म, छोड़ गए अपने मत्थे।
कब समझोगे, कब जागोगे,
बाँट तो जाओ कुछ–कुछ सबके हिस्से।

खोज रहा हूँ मौत, अभी मिली नहीं।
पता है तो, रास्ता दिखा दो सही।

* * * * *

15

ये मौनव्रत, कब तक

मन की ज्वाला, धधक रही है,
मुँह की सिलन, खटक रही है,
जड़मत हो तुम, क्यों शोषित होने,
अंदर अंदर, क्यों सुलग रहे हो,
स्वयम्भू हो तुम, इंसान हो तुम,
मौनव्रत, क्यों भोग रहे हो।

कष्ट झेल रहे हो, तुम सदियों से,
अभाव तुम्हारा,
क्यों, जन्मसिद्ध अधिकार है।
तरस रहा हूँ मैं, सदियों से प्रतिकार को,
ये मौनव्रत, कब तक।

मन, मस्तिष्क, इन्द्रियां, शाश्वत क्यों,
दीन, दरिद्र, निर्बल, जात–पात, मजहब, क्यों।

इंसान हो तुम, मुआ नहीं,
गर्म लहू है, सर्द नहीं है,
धमनियों में प्रवाह, निरंतर।
फिर, सोच में तेरे,
ये मौनव्रत, कब तक।

अधीर अग्र बन, झकझोर करो,
मानव की ये, विषमता को,
ओ मौनी तुम अब ध्वस्त करो।
सब्र नहीं, अभ्यास नहीं, अब कोई जड़मत नहीं,
वक्त की बेदी पर चढ़ने को,
यहाँ कोई, अब मौनव्रत नहीं।

* * * * *

16

प्यास

नवजात को है माँ की दूध की प्यास
बच्चे को है अपनापन और प्यार का आस
किशोर और किशोरियों को शरीर की आग का है एहसास,
युवावस्था में है है बुलंदियों को छूने की प्यास।

हर उम्र में है प्यास और एहसास,
बदलती हुई तस्वीरों में दिखती है
लकीरों की बढ़ने और घटने की तराश।

काश एहसास की ये आस,
समय के समझ के साथ होती हमारे साथ,

न होती ये नदियों का लहू से लाल,
होकर बहने की एहसास।
काश एहसास की होती प्यास,
नर और आदम में,
तो जिन्दा रहती जीने की प्यास।

एहसास की बदलती तस्वीरों,
में बस और बस,
अपना स्वार्थ साधने की है प्यास।
मंदिरों मस्जिदों गुरुद्वारों एवं चर्च में,
बंट गया है मानव का एहसास।

* * * * *

17

विकास की यात्रा

विकास की यात्रा पर हम क्या चले,
अपने ही अपने रास्ते, रास्ते से दूर हो चले।

क्या आदिवासी, क्या दलित, क्या सामान्य,
सब खुद में ही अपनी खोखली चोंचले में जी चले।

वक्त आया जब, लड़ने लगे, काटने लगे,
क्या यही सोच ले चले हम, आने वाले सदियो में।

पता नहीं पर पता है विकास की सह–मात की यात्रा में,
मित्रो, मेरे भाइयों, मेरे देश वासियो सब कुछ खो चले हम।

विकास की यात्रा पर हम क्या चले,
अपने ही अपने रास्ते रास्ते से दूर हो चले।

* * * * *

18

छोड़े जा रहा हूँ मैं

छोड़ दिया,
अब मैंने उड़ने को सोचना।
छोड़ दिया,
इतने बंदिशो में, जीने की आशा।

छोड़कर, जा रहा हूँ मैं,
सियासत के मिथ्या, सियापा को।

छोड़कर,
चुपके से मैं, जा रहा हूं,
उलझनों के पहेली से,
न सुलझ कर, न उलझ कर।

छोड़कर,
अविरल से बहते हुए, नयनों को,

खुद में ही खुद को सिमटकर।
जा रहा हूँ मैं, जा रहा हूँ मैं।

छोड़कर,
तुम्हे मैं, मुझे तुम,
अहम के खड़ाका में,
बखेड़ा, झमेला कर,
लोचा जो हमने,
जो तुमने, किया है,
सभी छोड़े,
जा रहा हूँ मैं, जा रहा हूँ मैं।

* * * * *

19

भ्रम छोड़ रण में

चक्र है अनमोल, भ्रम छोड़,
रण में खड़ा है, रणवीर तू।
सुप्त, गुप्त, लुप्त, कौन,
यौवन की शाश्वत मोह माया,
अभेद को भेद के चीर तू।

भोगी, मौनी, योगी,
कौन है, ये भूल मत।
अधीर बन रण क्षेत्र में,
तिलक कर, रणविजय हो ।

भेद तू चक्रव्यूह, रुक मत।
आगे बढ़, ओ अभिमन्यु।
आगाज दे, आवाज कर,
अचल, अमर, यशस्वी हो।

उठा पटक, लटक झटक
विजयी बन, इन्हें, फटक।

आघात दे ओ वीर तू
क्रोध, काम, स्वाद झटक,
अटक न मोह, माया में।

विषम, परिस्थिति या विष भुजंग।
संहार कर, वीर है, तू रूद्र बन।
अश्वमेघ कर, अभिषेक कर,
कर्तव्य का प्रतीयमान बन।

निर्भीक हो,
दहाड़ कर,
चिंघाड़ कर
ललकार दे।
कौन रोके, कौन टोके,
शत्रु का विनाश कर।
ओत–प्रोत हो,
अपने ओज को,
गति दे,
इष्ट, लक्ष्य, अभिप्रेत को।

सृष्टि को उपकार दे,
दुराचारी का संहार हो,
धरती का उद्धार कर,
शांति के प्रचार में, ओ धरती पुत्र तू युद्ध का अभिषेक कर।

* * * * *

20

ऐ मेरी किस्मत

एक बार तो मुस्कुरा दे,
एक बार तो इतरा दे,
एक बार तो थोड़ा उठा दे,
ऐ मेरी किस्मत, एक बार तो साथ दे।

कौन से चौराहे पर खड़ा हूँ।
एक बार तो रास्ता दिखा दे।
ऐ मेरी किस्मत,
एक बार तो उस पीर से मिला दे।

एक बार तो रंक से राजा बना दे,
एक बार तो किसी हीर का राँझा बना दे,
एक बार तो खुदा का मुखबीर बना दे
ऐ मेरी किस्मत,
एक बार तो इस बुत में जान डाल दे।

एक बार नहीं अनेकों बार देखा है,
बस छू कर, फिसल कर जाते हुए।
एक बार तो ठहर जा मेरे साथ,
एक बार तो दर्द बाँट जा।
ऐ मेरी किस्मत।
एक बार तो अपनी हिम्मत दिखा दे।

एक बार तो खुशियों की सौगात,
इस झोली में डाल दे,
नहीं तो,
एक बार, इस किस्मत को,
ऐ खुदा,
अपनी कहर का इंतिहा तो, दिखा दे।

* * * * *

21

लटकम, झटकम, दही का मट्ठा

लटकम, झटकम,
दही का मट्ठा,
गुपचुप, चप चप,
दही का भल्ला,
चाट पापड़ी, कुरकुरे समोसा,
जीभ चटकाते, खाते झटपट।

छोटा, छोटी, मोटा, मोटी,
दीदी, भैया, पापा, मम्मी,
पलटन लेकर खड़े हैं, सब।
गिनती अपना कब आएगा।
इन्तजार में अपनी,
कहीं,
चाट पापड़ी, खत्म न हो जाये।

लार टपकाते कब तक बैठे,
इन्हें चबाने कब दोगे भैया।
कब तक रोके अपनी जिह्वा,
लटकम झटकम, चिल्ला रहे भैया।

चाट, पकौड़ी, गुपचुप, पापड़ी,
जल्दी जल्दी खाने दो।
नशा तो अपना खाना है,
खाकरा, थेपला, ढोकला,
अभी तो बाकी,
लटकम झटकम दही का मट्ठा।

* * * * *

22

कील, हथौड़ा

कील, हथौड़ा,
सम्बन्ध है कैसा
खटपट खटपट,
कैसे क्यों ।

निकल पड़ा है,
कील जो अपना,
आंगन के दो कोने को,
इस डोर से मैं, बाँधु कैसे।

मन का आंगन मैल से गीला,
कौन से हथौड़ा,
मारू मैं।

संबंध जो अपना,
उधड़ पड़ा है,
सुई से सिलाई न होये जो।

कौन से हथौड़ा,
आज जो मारू,
रिश्तों की गांठ, न उधड़े।

मन तो मेरा,
चाह है तेरा,
फिर कील हथौड़े सा
खटपट क्यों।

* * * * *

23

भोली भाली मनमौजी

भोली भाली मनमौजी,
पिया संग खेले, हमजोली।

संग संग पिया संग,
बिखरे सतरंगी रंग।
उड़े मनवा भोली–भाली के,
बसंती हवा संग।

खन खन, मन–मन,
टुकुर–टुकुर चुपचाप देखे,
पिया हो।
भोली भाली के बहते कदम।

टुकुर टुकुर, दीवाने जैसे,
पिया,
तुम क्यों हो गए ऐसे।

भोली–भाली मनमौजी संग,
पिया हो गए है बावले।
मुँह में निवाला डाले,
धीरे धीरे भोली–भाली।

ऐसे ही मौसम रहे,
भोले भाली पिया संग रहे।
चाहे, ये दुनिया,
ऐ भैया,
सबके ऐसे ही हमजोली मिले।
भोली–भाली संग पिया के,
ई कहानी, हमेशा ही अमर रहे।

* * * * *

24

एक लड़की थी–एक लड़का था

एक लड़की थी,
कहती थी, वो,
मैं सुंदर हूँ।

एक लड़का था,
अँधेरे में देखता था।
कैसे कहे, वो,
तुम सुंदर हो।

उस लड़की के पास,
वो, लड़का गया।
पूछा, कौन हो तुम।
बोली, मैं सुंदर हूँ।
कौन तुम ?
हाँ मैं ?

भोलापन, अल्हड़पन,
में भीगा,
कोमल सा, वचन।
छु गया,
उस लड़के का मन।
बोला,
हाँ, तुम सुंदर हो।

सच है,
मन की आँखे,
पास जिसके, वो सुंदर है।

* * * * *

25

अमिता का अमिताभ

चढ़ती खुमार,
है ये, प्यार का बुखार,
भूलते हैं यार,
रब की दरकार,
बस चाहे तेरा प्यार, ओ मेरे यार।

कितने ही किस्से हो,
कितने अफसाने हो,
हम तो बेगाने हो,
प्यार के दीवाने हो,
बस चाहे तेरा प्यार, ओ मेरे यार।

ढलता नहीं है तेरा नशा,
चढ़ता है, ये अंगूरी नशा,
जितने पुराने होये,
बस चाहे तेरा प्यार, ओ मेरे यार।

कौमुदी का कौमार्य हो,
अमिता का अमिताभ हो,
मिश्री सा सहचर बन,
सागर सा असीम बन,
चाहता हूँ
सिर्फ तुम्हें मैं। ओ मेरे यार।

* * * * *

26

अटकन, भटकन, इन्हें उड़ाएं

चलो कुछ हवा बनायें,
अटकन, भटकन, इन्हें उड़ाएं।

कुछ बातें करते आज,
कॉफी, चाय, ठंडी, ठंडाई, सुरासर की।

उठक–बैठक, ताल ठोक कर,
जोर का धक्का या ठेलम कर,
गड्डी तो स्टार्ट कर भईया।
कब तक बैटरी गिरा रहेगा,
पंजा, त्वरक, स्टार्टर गुमा रहेगा,
चलो कुछ हवा बनायें,
अटकन, भटकन, इन्हें उड़ाएं।

नट बोल्ट टाइट कर,
छेनी, हथौड़ा, कील ठोंक दे बाबू,

आज तो अपनी गड्डी दौड़ेगी,
गतिरोधक भी उड़ा देगी।
अटकन, भटकन भूल कर,
ओ बालक,
चलो कुछ हवा बनायें,
अपनी गड्डी हवे में उड़ाएं।

* * * * *

27

कटी पतंग

कटी रे कटी,
चिल्लाये सारे,
नजर घुमाया, छत पर देखा,
उतरण, मकरसक्रांति,
में मचा है,
कटी पतंग का रेलम पेला।

खुशियां है, चारो ओर।
पीहू, बैसाखी, पोंगल, लोहड़ी।
उड़ा के सारे गम।
लगे हैं, बच्चों के संग,
कटी पतंग के उधम में,
हम।

उम्र का पारा, जोड़ो का दर्द,
झुकी कमर, धुंधली नजर,

सबको उड़ाकर,
खो गये हम,
नन्हें मुन्हें, बच्चों के संग।

झाड़ लिया और दौड़ पड़े,
कटी जिंदगी, हारी किस्मत,
भूल के सब,
दौड़ पड़े हम।
लूटने चले, अपने जैसी,
किस्मत के हिचकोले खाते,
कटी पतंग, रे भैया,
कटी पतंग।

* * * * *

28

वो नौनिहाल

बड़ा घर, कई कमरे,
रहने वाला कोई नहीं।
कहानी है, ये इंडिया की,
अमीरजादों, ऐशजादों की।

सर्द, शीत, अंधड़, बरसाती,
दिन या रात, बीच सड़क के बीचोंबीच,
बेघरों से, रहते जो,
दो बिजली के खम्बों के बीच,
कहानी है, ये हमारे हिंदुस्तान की।

मर्म है, प्यार है, त्याग है,
जिन्दा रहने और जीने की,
जुनून है।
सर्द रातों को चीर के, बुलंदी की,

परचम लहराने की आस है।
वर्तमान है, ये हमारे हिंदुस्तान की।

यही वो नौनिहाल है,
बैठा है जमीं पे आज,
सड़क की मध्यम सी रोशनी में,
हाथों में ले फटी किताब ।
भविष्य है, ये हमारे हिंदुस्तान की।

गरीबी, बदहाली, कुपोषित,
से लड़ता, असंख्य नामों से नेमित,
छोटू, नन्हें, राजू, आमीर या हैदर है।
यह तो वह अग्र, अधीर वीर है,
जो कल का कर्मवीर है।

मंगल, शुक्र, चंद्र, तारों, के बीच,
पहुँचने वाला अपना वही,
सड़क के पाटों के बीच,
बैठनेवाला शूरवीर है।

* * * * *

29

संवेदनहीन हो चला

बुरे के साथ बुरा,
भले के साथ भला,
हिसाब–किताब करने,
मैं, चल पड़ा,
अब मैं, चल पड़ा।

मुरबत नहीं,
कर्म कर्तव्य में,
इंसानियत का ज्ञान,
मैं, भूल चला,
अब मैं, भूल चला।

निकल पड़ा,
अब मैं,
बही खाता करने,

संवेदनहीन हो,
मैं निकल पड़ा,
अब, मैं निकल पड़ा।

क्या दीन, दुनिया,
अब,
दिन हो या रात,
जमीं हो या आकाश,
वक्त के साथ,
मैं, बदल चला,
अब मैं, बदल चला।

प्यार या नफरत,
फसल कैसी भी हो,
सबकी कटाई करने,
मैं निकल पड़ा,
अब मैं निकल पड़ा।

गांठ बांध ली,
अब मैंने।
न दया, न मोह,
न क्रोध, न लालच,
न सत्ता की अभिलाषा,
न अपना न पराया।

सभी की आहुति दे,
जैसे को तैसा करने,
मैं चल पड़ा,
अब मैं चल पड़ा।

* * * * *

30

घर है ये क्या!

घर है ये क्या,
चूल्हा, बर्तन, बिस्तर, तकिया,
चारदीवारी की चौहदी में,
सीमित अपना,
ये रोजमर्रा का,
कूड़ा–करकट अपना।
घर है, ये क्या।

सफेद, काला, सिंचित धन,
साथ लेकर मटमैला–सा,
सौंधा–सा रंगविहीन पसीना
लगाते, ईंट, गारे, पत्थर में ।
फिर बनता, ये घर अपना सा।

धूप, छांव, हवा, पानी,
ऊंच–नीच, किस्मत की रवानी,

आधार विश्वास जीवन की रवानगी
सपने, हकीकत, कालचक्र से,
बचने का आधार, क्या यही है,
ये अपना सा घर।

जीवन की पूंजी, खर्चते,
इसे व्यवस्थित करने।
जच्चा, बच्चा,
मात–पिता,
पति–पत्नी,
कर्म–कर्तव्य या जन्म–मृत्यु,
रिश्ते, धर्म की मर्यादा का,
श्रृंगार तो बनता,
अपना सा ये घर।

कितने घर, खड़े अकेले,
धरती की सम्पदा का दोहन कर,
सम्पति की लोलुपता का आधार बन,
बाट जोहते, खड़े अकेले।
ऐ मानव तुम,
जागना है तो जाग उठो तुम,
जाते वक्त सिर्फ तुम ही तुम,
कोई खड़ा नहीं साथ, जो तेरे,
फिर क्या रखा है ईंट और गारे में।

बाँट तो जाओ,
मटमैले से बच्चे की,
खुशियों की आधार बनने,
अपना सा ये घर।

* * * * *

31

घर क्या पड़ोस क्या

घर के साथ वाला घर,
कहते हैं पड़ोस होता।
हर रिश्ते से उपर,
मित्र से बढ़कर।

पड़ोस ही तो है अपना,
सुख दुःख का साथी, परदेश में।

वक्त ने करवट,
ऐसा बदला,
अर्थ की चाह में,
अनर्थ की जिजीविषा में,
पलायन कर, दिग्भ्रमित हो,
भूल चुके हैं,
घर क्या पड़ोस क्या।

एक सुबह ऐसा आया,
मौत की आहट, पड़ोस में पसरे,
फिर भी, हम तुम,
इतने डूबे, मस्ती में।
मदमस्त हो, स्वयं में,
अटकल करते, कोई,
पिज्जा, बर्गर सौंप कर गए।

कहां किधर हम किसे बतायें,
दिल की रुदन किसे उदगारें,
ये सोच के मौला मेरे,
मेरा मन यूं ही, न बैठा जाये।

* * * * *

32

खुदगर्ज, खुदा, खुदगर्जी बन

चौसर की बिसात बिछी है,
पासा पास है, चलने को,
कौन सी चाल, चल चलूं,
कर्म, ज्ञानी, कुकर्म या अज्ञानी।

जनत या जलालत,
कुफ्र या आदमियत,
फिक्र किसे,
न मेरे लिए न तेरे लिए।

कौन यहाँ ठहरा है,
खुदगर्ज, खुदा, खुदगर्जी बन।
हर शख्स यहाँ प्यासा है,
गर्म लहू पीने के लिए।

ताज तख्त के चाह में,
मुकाबला किससे,

मूक, बधिर, मौन,
मर्महीन, गौण, मष्तिष्क से।

चुरुट, चुरमुर, अवपथ की राह में,
किस अग्निपथ की गरज में,
धूल उड़ाता, निकल पड़ा,
इंसान अपना,
बुदबुद सा मीर बनने।

* * * * *

33

धीरे–धीरे यूं ही

धीरे–धीरे यूं ही,
तुम लम्हों में ठहर जाते,
रात यूं ही तेरे यादों के,
आगोश में, यूं ही, गुजर जाती।

यूं ही देख रहा हूँ
टक टकी लगाए आसमां को,
कहीं, किसी टूटते तारे में,
तू, यूं ही, कहीं दिख जाये ।

पूछता हूँ मैं, यूं ही,
ऐ, मेरे परवरदिगार,
परीक्षा मेरी ही क्यों ?
साथ, यूं ही,
इस अप्सरा देख,
कहीं, तेरी नियत में तो खोट नहीं।

शिकायत नहीं, इल्तजा है,
इन्तहा हद से न गुजर जाये,
कि सब्र की बांध,
यूं ही, तेरे रहमोकरम के,
इन्तजार में न टूट जाये।

आ, अब तो यूं ही,
आगोश में समां जा,
दिल के अरमान को,
अपनी जन्नत तो,
यूं ही दिखा जा।

* * * * *

34

काश, इंसानियत बसी होता

काश मैं होता खास,
जिंदगी में जब होता,
कोई संज्ञा, कोई क्रिया और,
एक विशेषण का साथ।

काश किस्मत होती साथ,
वक्त लिखता अपनी,
दोनों हाथों से एक साथ।

काश खेल में नहीं होते,
इतने शह–मात की सांप सीढ़ी,
होता एक पाशा, जिसकी संख्या,
काश हथेलियों की मुट्ठीबंद में,
मनमुताफिक रहता, अपने पास।

काश, मैं एक बुत होता,
काश मैं एक संवेदना होता,

काश, मैं ही मैं होता,
तो क्या,
जीत, हार, खुशी,
गम, धोखा, बेखुदी नहीं होता।

काश एक ऐसी जमीं होता,
जहाँ कोई कमी नहीं होती,
जहाँ मजहब, जात–पात,
या इंसान का रंग नहीं होता
बस, इंसानियत बसी होती।

काश मेरी तलाश, में,
आपका साथ होता, तो
ये दुनिया सभी के लिए,
खुशियों का सौगात होता।

* * * * *

35

छड़ी बन हम–तुम

लहर है लहर,
प्यार तो तेरा,
था, एक जहर।

कहर है कहर,
तेरी हुस्न का था,
ये कहर।

मौजू हूँ मैं,
साहिल हूँ मैं,
फाजिल हूँ मैं,
ये कैसी अहम में,
घायल थे, हम।

ये ग्रहण था, कैसा।
हम तुम तो लड़ते,
बुझा दी जवानी,

झुलसा दी रवानी,
आबो हवा की, गर्मी में क्यों।

चले हम तुम कब।
हाथो में हाथ,
पाके मुहब्बत के,
सच्चे जज्बे के साथ।

कमर थी झुकी,
नजर थी बुझी,
कोई न था जब।
तब छड़ी बन हम–तुम,
हर वहम को मिटा,
हर अहम को हटा,
चले एक दूजे के हो,
हर डगर पे साथ।

मुहब्बत का तराना,
गाते हुए,
लहरों के सहारे,
डगमगाते हूँ, जिंदगी की,
आखरी पड़ाव पे,
हर सितम को भुला,
चले हम तुम साथ।
बस चले हम तुम साथ।

* * * * *

36

दलान, आंगन, सिमटकर बिखर गई

हुआ करते थे, आज है नहीं,
वक्त के अग्र वेग में, धूमिल है कई।
कभी जवान थे, कमाते थे,
आज धूल खाती कुर्सियों में,
करहाते से कातर,
उनके रहमोकरम को पड़े है।

कभी घर की दलान थे हम,
गूँजती थी कहकशां मेहमान की।
कभी घर की आँगन थे हम,
तुलसी की सुगंध से, गुलजार थे हम।

कौन से दौर में हम आकर, कहां खो गए।
परिवार टूट कर बिखर गया
विश्वास तार–तार हो बेजार हो गया।

आज सूर्य भी गर्म हो,
रोशनी की किरणों को कर रहा,
वस्त्रहीन शरीर के आरपार।

दूर हो गए हैं सब,
दलान, आंगन, सिमट कर,
संकुचित हो गया कुछ वर्ग क्षेत्रफल में।

बाग कुछ गमलों में जा छिपा है,
और मैं,
लज्जित, प्रभावहीन, शर्मिंदा हो,
बीते हुई वक्त के,
गलतियों के बही खाता को,
अकेला झेलता खड़ा हूँ।

* * * * *

37

आधी रोशनी, आधा अंधकार

आधा चंद्र, आधी पूर्णमासी,
आधी अमावस्या,
आधी रोशनी, आधा अंधकार।
यही सत्य है।
तेरे मेरे हमारे जीवन का।

अँधेरा है, रोशनी के इन्तजार में सभी खड़े।
विनती इतनी,
भ्रम, विभ्रम, स्वार्थ का त्याग कर,
निःस्वार्थ भाव से,
क्यों न,
स्वयं का अभयदान कर, दिव्यता का उत्सर्जन करें।

ये समय चक्र कब तक,
घुम रहे विभ्रम में सब,

साथ स्वस्थ शरीर, तब तक।
फिर क्या।
वक्त है जाग, रच नयी सरंचना।
अभयदान नहीं है क्षमादान, प्रकृति मांगे अनन्योन्याश्रय।

निरंतरता की गतिशीलता, स्वयं ने खोकर।
उपभोग की स्थिलता का श्रृंगार कर,
आनंदात की मादकता में लवलीन है।

तिरस्कार कैसे, अपकार क्यों,
उपकार कब, समझ नहीं।
अग्निहोत्र कर, आलसता में डूब गये हैं।
क्या सरंचना, क्या उद्घोष,
जलजले का आभास है।
फिर क्यों,
किस आनन्द की प्रतीक्षा में खड़े सब।

क्यों ये सोच है, मेरी ।
क्यों उपहास को, मैं खड़ा,
आधे रोशनी, आधे अंधकार के,
अर्ध सत्य में, अर्ध इन्सान बन खड़ा।

* * * * *

38

कल्पना हूँ मैं:–

कल्पना हूँ मैं, मेरे दीवाने की,
वर्तमान हूँ मैं, मेरे परवाने की।
हमसफर हूँ मैं, मेरे मेहमान की।

मल्हम हूँ मैं, मेरे जख्म की,
साथी हूँ मैं, मेरे दुखते रग की।

शमा हूँ मैं बुझती आशिकी की,
दरिया हूँ मैं, फफकते लौ की।

अँधेरा हूँ मैं, अमावस की,
रोशनी हूँ मैं, पूर्णिमा की।

चंदा हूँ मैं अपने चकोर की,
मीरा हूँ मैं, मेरे कृष्ण की।
धरती हूँ मैं, मेरे अम्बर की।

मंजिल नहीं रास्ता हूँ मैं, राही का,
बस एक साहिल हूँ, मैं तेरे भँवर का।

ढूंढता हूँ मैं किनारा, एक ऐसे चमन का,
जहाँ रिश्ता हो प्यार का, एकरार और मीठी तकरार का।
जहाँ पाने के सिवा खोने की चिंता, न हो किसी मुसाफिर की।

* * * * *

39

ओ मौला–रहम कर

आज की रात, अमावस की रात,
अँधेरा चौतरफा, आंखे फाड़े देख रहा।
इन्तजार था मुझे, उस नूर का, जो,
रोशनी हो रही है, आज किसी और की।

एक आशा मन में, कहीं अच्छाई मेरी,
कहीं किस्मत का साथ दे,
तमन्ना दिल कि, पूरी हो जाये।
थका, लुटा, पीटा, सोच रहा,
हारने का गम, या गम को हराने की,
किस राह, इख्तियार कर रही है जिंदगी।

मुकम्मल जहाँ नहीं, अपने ही सताते हैं,
आसमान से अर्श तक, गिरने, गिराने का खेल,
बेइंतहा खेलती है जिंदगी।

नाम क्या दें इस बेवफा का,
जात–पात, धर्म, अमीरी, गरीबी,
या वफा की शुद्ध बेवफाई।

हम ही मिले थे उनको,
इस खेल के मैदान में।
मेरे खुदा, कुफ्र का आलम,
कि इंतहाई है,
हम ही हैं क्या, मुसीबतजदा,
तेरे बेरुखी के पैमाने में।

इजहार था, इकरार था,
फिर क्यों,
ये रार, है, औ मौला।
फरिश्ता नहीं, इंसान हूँ,
दर्द भी है, गरूर भी है।
औ मौला,
बंद आँखों से न देख,
दर पर हूँ खड़ा, कुछ रहम कर, कुछ रहम कर।

* * * * *

40

जन जन को है बोध कराया

कौन है अपना, कौन है पराया,
वक्त ने ऐसा फेर लगाया।

इंसान ने खुद ही खुद को,
सृष्टि का भगवान, जो माना।
बाँट दिया है, काट दिया है,
मानवता को तार तार किया है।

ऊपर–नीचे, दाएं–बाएं,
आगे पीछे, सभी दिशायें।
राजनीति के रंग महल से,
हे इंसान,
क्यों ऐसा, कुठारघात किया है।

उल्टा पुल्टा, रंग बिरंगी,
सतरंगी इंद्रधनुष में।

क्यों, हे इंसान,
विकृति, विभीत्स विचार का,
महिमामंडित उद्गार किया है।

जात–पात, ऊंच–नीच।
धर्म–अधर्म के कुचक्र में।
हम सबने तो खुद ही खुद से।
रिश्तों को मंझधार में लाया।
परिपाटी को धूल चटाया।

समय ये ऐसा, आया है
हमने तुमने, सबने मिलकर।
आज,
काला धन का सम्मान किया है,
सज्जनता को बदनाम किया है ।

मैंने, तुमने, हम, सबने,
जन जन को है बोध कराया,
मिथ्या, माया, धन की छाया,
ही, जीवन का अमिट सत्य है।

* * * * *

41

ओ यारा

अपना कौन, पराया कौन,
यारा, ये कैसा है,
दुनिया का वहम।

पल पल, रोता मन मेरा,
साथ न तेरा, क्यों यारा।
शीतल है तू, ओ यारा।
प्यासा हूँ मैं, तेरा,
ओ यारा।

सुख–दुख, मेरी तू यारा,
जान भी मेरी, तू यारा।
खो गई क्यों, तू,
ओ यारा।

भूल क्या मेरा, ओ यारा।
पर्वत, नदियां, उड़ते पंछी,
धरती–अम्बर,
अधूरा,
क्यों तुम बिन,
ओ यारा।

भोलापन तेरा देख,
साथ तो चाहा,
ओ यारा।

निश्छल, क्या तुम,
अविचल क्या तुम।
मोह माया में, खोकर
क्यों तुम ।
साथ न हो, ओ यारा।

* * * * *

42

भीड़ में दौड़ लगी

भीड़ में दौड़ लगी,
जमात है,
ऐसी जनता जनार्दन की,
भूखे, अर्ध नग्न, शोषित, कुपोषित,
नाच रहे हैं, पूंजीपति, नेताओं के,
वादें, शरारतें, झूठ के पुलिंदों में।

यकीन हमें नहीं होता, करते हैं चर्चा–परिचर्चा,
क्या सोच की आयाम इतनी विनयमित,
भुखमरी,
क्या, दृष्टिहीन इंसान पैदा करती।

कोशिश करो, कुछ भूखे रहो, गन्दी नाली,
भिनभिनाते मच्छर, चिपके–पिचके
कुपोषित अमाशय के मध्य।
संयोग नहीं, सम्भोग करो इनका।

भूल जाओगे तुम ये आसरा,
क्या इतने असहाय भूख कर दे ?
यकीं क साथ तुम कहोगे,
जागना है हमें, इंसान हूँ,
इंसान के लिए लड़ाई लड़नी है।

पूछता है तबका ये,
कितने हैं साथ अपने,
तुम हो या और भी कोई,
एक अकेला कुछ नहीं।
शंखनाद, बिगुल का, बनाओ न शगल,
मिट जाओगे, मिटा दिए जाओगे,
रुको तुम बहो नहीं।

मेरी जमीर जागी नहीं, अभी भी एकाग्रता कैद है।
नहीं लड़ पाउँगा।
मोबाइल, वातानाकूलक, मोटर,
लपटा, चिपटा हो इनसे सर्प सा,
क्यों विचार मेरे लापता हो रहे हैं ?
रुक नहीं सकता, विलासिता, यौन क्रिया,
दहाड़ मारे, शोषित होने बुला रही है।

मैं हूँ इस देश का माध्यम वर्ग, सड़ गया हूँ ।
निकलना है गर्त से।

इन्तेजार नहीं, वक्त नहीं, धैर्य नहीं।
स्वयं का आधार बनाना है।
जागना है मुझे, तुम्हें और सबको
जगाने के लिए नहीं, आगे की श्रृंखला के,
सुखमय, स्वस्थ, स्वर्णिम भविष्य
की कोशिश, इन्तजार और आगाज में।

* * * * *

43

क्यों खेल रहे है ये मिलकर खेल

समुद्र में अशांत सी लहरों की थपेड़े,
कभी ऊपर, कभी नीचे,
कभी दूर पटकती।
पल–पल गति,
दिशा परिवर्तित होती।
चुपके से एहसास कराती,
जीवन ऐसा ही है।
कुछ कहना मुश्किल है,
जीवन तो खारा है, पीना भी मुश्किल है।

सूर्य, चन्द्रमा दूर इतने हैं,
गति निर्धारित कैसे करते ।
विज्ञान, ज्ञान, या खेल है
धरती, सूर्य या चंद्र, का।

क्यों खेल रहें हैं ये मिलकर खेल,
पूर्णिमा, अमावस्या, ग्रहण का।

रूचि, अभिरुचि, इच्छा, अनिच्छा,
तेरा शून्य है क्यों अब।
श्वेत पत्र की प्रतीक्षा, की अभिलाषा में,
बैठा हूँ मैं।
आस मेरी है, क्यों नहीं पूरी होती।

हजारो कोशिश, लाख मिन्नतें, असंख्य स्तुति,
ठोकर कब तक, वक्त मेरा क्यों नहीं आता।
समझ नहीं सका, अब भ्रम में जीना नहीं भाता।

धोखा, फरेब, मतलबी, कुत्सित, विचार,
खून की घूंट नहीं पीना अब।
जाग उठा हूँ, लहरें क्या है,
समुद्र का सीना, चीर चुका हूँ।
शोध, प्रतिशोध गूंज रहा है,
जीवन सोचता मैं लहरों में ही खो सा गया है।

* * * * *

44

पगली सी है वो, हारा सा हूँ मैं

पगली सी है वो,
उलझी से है वो,
जिरह करती रहती है वो,
वफा भी है, बेवफा भी है वो,
क्या बोलूं,
वो तो है,
हमसाया, हमसफर मेरा।

कभी साया सी थी, आज छाया भी,
न है वो।
कभी अर्थ थी वो,
आज अनर्थ है वो।
कैसी सुरूप थी वो,
आज निकृष्ट है वो।
कभी दिल के पास थी वो,

आज इतनी दूर है वो।
कुछ अनकही सी कहानी है वो,
खोज रहा हूँ मैं वो, जो है, अपना हमसाया, हमसफर।

मिली है आज वो,
कहती है चंचल से नयने उसकी,
हारा सा हूँ मैं, जीती सी है वो।

ठगा सा खड़ा हूँ,
सोच रहा हूँ,
प्यार के लिए, प्यार में यूँ क्यों,
वक्त जाया किया।
छाया, माया, अर्थ, अनर्थ की,
चक्रव्यूह में
जीवन को यूँ ही,
वो की चाह में, क्यों खो दिया।

* * * * *

45

चलो मैं हारा, चलो तुम जीतीं

रिश्तों की ख्वाहिश, अनंतर बसी है,
कुछ मेरे मन में, कुछ तेरे मन में।

चलो हम तुम,
कुछ मुकम्मल करते हैं,
इस प्रतिकूल में, कुछ अनुकूल करते हैं।

कुछ अभिनव, कुछ अद्‌भुत,
चलो हम तुम, निर्विरोध हो,
कुछ नूतन सा अफसाना,
थोड़ा तुम, थोड़ा हम,
चलो मिलकर, रचते हैं।

कुछ लम्हा पास,
हम–तुम ने बिताया,
कुछ उसने रुलाया,

कुछ हमने रुलाया।
क्यों हम–दोनों ने ही,
खुद को यूँ ही, क्यों सताया।
समझती नहीं वो, समझता नहीं वो।
थोड़ा तुम समझो, थोड़ा मैं समझूं।

पता है तुम्हें, पता है मुझे,
नाराज हो तुम, नाराज हूँ मैं।
फिर भी,
पास आने की चाहत में,
यूँ ही आकुल, है क्यों।
थोड़ा हम, थोड़ा तुम।

कुछ तुम चलो, कुछ मैं चलूं,
कुछ मैं भूलूं, कुछ तुम भूलो।
ऐसा कुछ कर, हम दोनों,
क्यों न हम, ये गम भूलें।
जरा तुम सोचो, जरा मैं सोचूं,
क्यों न हम, ये अहम भूलें।

कुछ मेरे मन में है, कुछ तेरे मन में है,
एक दोनों में, दोनों ही बसे हैं।
ये विनती है, हम तुम से,
चलो मैं हारा, चलो तुम जीतीं,

जीवन के रस्ते में,
चलो साथ होकर, सबकुछ भूलकर
थोड़ा हम चलें, थोड़ा तुम चलो।

* * * * *

46

दुख मिला खुशी से

दुख मिला खुशी से,
झूम उठा खुशी से।

रोता मिला हँसते से,
हँसाते गया जमाने से।

गम मिला शराब से,
हलक हुआ है गले से।

प्रेयसी मिले जो प्रेमी से,
अग्न बुझे है जिस्म से।

नीति मिला राजनीति से,
लिख दिया विधान को।

दोस्त मिला जो दोस्ती से,
खो न देना दुश्मनी में।

आशिक मिला आशिकी से,
बेसुद्ध हुआ है खुदी से।

ज्योति मिली रवि से,
दम्भित हुई है गर्व से।

कर्तव्य मिला योगी से,
कर्मठ हो उठा, इंसान स्वयं से।

देश मिले हैं किस्मत से,
खो न देना इसे वैमनस्य से।

* * * * *

47

मैं हूँ एक इंसान

मैं हूँ एक इंसान,
तेरी तरह ही,
रहता जमीं पे,
कौतूहल है, आसमान की।

सारे जहाँ में, रहते हैं हम सब,
कभी लड़ते हैं, कभी मिलते हैं।
शांति, अमन की चाहत है,
तुझको भी मुझको भी।

दस्तूर, मसौदा, नियमन,
की रचना की कोशिश।
सदा रहती है,
किल्विष न हो, अनुगूँज इनकी।

फिर आज क्यों, मैं,
फिर आज क्यों भी, तू
परेशान है क्यों, आतंक है क्यों ।

कहाँ खो गया,
ये याराना सबका।
क्यों कलुषित हुआ,
अफसाना अमन का।

क्यों गिरा पड़ा है,
इंसान आज, अपना।

क्यों तारतम्य अपना,
क्यों तारांकित हुआ है।

असमंजस में क्यों है,
पंथ निरपेक्ष अपना।

रहना तुम्हे भी,
रहना मुझे भी,
जमीं तो सभी की,
सारे जहाँ की।

क्यों लड़ते हैं इंसान,
बेचे हैं धर्म, ईमान।
पूछेंगे तो हमसे ही,
बच्चे तो अपने ही।

विचारों जरा, क्या ये, राजनीति तो नहीं ?
रहना तुम्हें भी, रहना मुझे भी,
रहना यहीं तो, सबको यहीं जी।

* * * * *

48

उत्तरदायी कौन

माँ बाप के प्रेरक प्रेरणास्त्रोत,
छोड़, क्यों ?.
बच्चे खो गये हैं,
डोरेमोन, नोविता, औगी,
के इंद्रधनुषी, प्रसंगों में।

सोच नहीं,
इनकी अपनी,
ये भूल गये हैं,
सभ्यता, अपनी।

कौन कहे, अब,
किसे अगाहे।
आज का नर, आज की नारी
विज्ञानी है,

विश्वकोश है,
स्वयंम्भू है।

पैसा, गाड़ी,
उपभोग, संभोग में,
ही, खोये है सब।

सोचो, क्या होता है,
इन नन्हे–मुन्नो का,
जब माँ–बाप, इन्हें
नैनी, धाय या धात्री,
से परवरिश को,
छोड़ जाये।

सोच जरा तुम,
जाग जरा तुम,
क्या रीति, क्या नीति,
हम इन्हें सिखायें।
चतुरंगी, चतुराश्रम के,
मर्यादा को खंडित कर हम।
कहाँ खड़े हैं?
कलयुग, सतयुग,
त्रेता, द्वापर
हर युग में ये,
बच्चे तो अपने हैं।

* * * * *

49

हर पल, हर पथ, हर क्षण

बेपरवाह, बेखौफ, बेमिसाल,
लुत्फ उठा रहे है,
आज कल के सियासतदार।

रुतबा, रोब, रेशमी रुखसार,
सभी कुछ,
हथेलियों में कैद कर रखा है।

खुदावंद बन खुद साख्ता,
है, हर चाल इनका,
बचा, क्या?
कुछ नहीं।
प्यादे है हम।

बेहाल हो रही जिंदगी।

संकुचन, व्हास हो रहा है,
मुद्रा, नीति, चरित्र,
कचनार का।

व्यय क्या अपव्यय क्या।

स्वयम्भू के जय में,
सर्वत्र विनाशक की उद्घोष में,
मानव निरंतर अवनति के ओर,
हर पल, हर पथ, हर क्षण,
अग्रसर, अग्रसर, अग्रसर।

* * * * *

50

एक इंकलाब, सैलाब, और एक महात्मा

आधा सच, आधा झूठ,
आधा इकरार, आधा करार,
यही तो सच है, मेरे तेरे,
सबकी रंग बदलती दुनिया की।

आधा प्यार, आधा धोखा,
आधा वफा, आधा जफा,
आधा दूध, आधा पानी,
आधा शराब, खाली बोतल,
पूरा सच,
नाचती दुनिया, पीछे इनके।

सत्य वचन, कहीं न सुना,
झूठा वचन, हर से सुना।
निंदित वचन, स्तुति वंदन,

वर्तमान युग, हिंसा का तांडव,
मिथ्या माया, सर्वस्व छाया।

विश्व में आतंक, वैमनस्य सर्वत्र,
वैचारिक मतभेद, थम गया वैश्विक चाल,
राजनीति की चाल, आम आदमी बेहाल।
कटुता, कुटिलता, काम की अग्न,
दफन हो रही इंसानियत।
इंतजार बस एक इंकलाब, सैलाब, और एक महात्मा का।

* * * * *

51

मैं तो बूढ़ा हो चला हूं

देखो, ये जहाँ वाले,
मैं तो बूढ़ा हो चला हूँ।

वक्त कब गुजरा,
काले से सफेद,
रंग बालों का हो चला,
चेहरे पे छाई रौनक,
कब जंवा से हवा हुई।
देखो ये जहाँ वाले,
मैं तो बूढ़ा हो चला।

जब हम जंवा थे,
हम तो फना थे,
कठिन रास्ते तो,
हमारा डगर था,

हारने या जीतने का,
हमें तो गम न था।

हौसले भी उमंग थी,
बाजुओं में भुजंग थी।

कदमों में हमारे जमी था ।
मुट्ठी में हमारे आसमां था ।
कहे क्या हम,
फिज़ा भी तो इतना रंगीन था।
वो क्या समय था, सब कुछ जंवा था।

आज क्या हो गया,
कदम थम सा गया है,
लहू क्यों जम गया है,
शरीर थिथिल रोगमय है।
ये जमी क्या, ये आसमां क्या।
कहीं कुछ दिख रहा, नहीं,
दोस्तों, अब तो मैं,
बूढ़ा हो गया हूँ।

उम्र अब मेरी, ये बीत गयी है,
भजन कर, प्रवचन कर,
मोक्ष का रास्ता,
हम वृद्ध ढूंढ रहे है।

करीबी ये, रिश्ते ये, समाज,
सभी तो हमारे,
मृत्यु का बांट जोड़ रहे हैं।
अस्थियाँ तो नदी में,
प्रवाहित कर, वसीयत में,
लिपिबद्ध करने को,
बच्चे हमारे व्यग्र हो रहे है।

सब देख, ये मन,
दुखी–सा हो गया है,
दोस्तों, अब तो मैं,
बूढ़ा हो गया हूँ।

एक सुबह मैंने,
प्रण ये लिया,
मन अभी भी,
जंवा है हमारा।

क्यों न ऐसा,
हुनर हम सिखाये,
वृद्धों को भी स्वावलंब बनाये।

नया फलसफा लिख कर,
इस अंजुमन में,
क्यों न, नया रास्ता,
सभी को दिखाए, हम।

दोस्तों, लगता है अब, मैं,
फिर जंवा हो गया हूँ,
इस गुलिस्ता में,
नए नज्म लिखने को,
मुकम्मल हो गया हूँ।

* * * * *

52

लिखना आता नहीं

ऐ मेरे मालिक,
लिखना आता नहीं,
फिर भी लिखता हूँ,
चलना आता नहीं,
फिर भी नुख्स निकालता,
संभालना आता नहीं,
फिर भी गिराता हूँ।

कई रास्ते देखे,
छोटे भी लंबे भी,
दूर जाते, नजदीक आते,

कभी अपना था जो गुम हो गया,
साथ चलते–चलते, कभी देखा नहीं,
उन्हें इन रास्तों पे कभी।

चलते अगर कहने पे,
इन रास्तों में किसी में,
मंजिल मिल जाती हमारी,
हो सकता था वजूद खो,
देता मैं अपना।

* * * * *

53

कवि तो फकीरी है

पागल, दीवाना,
तो हूँ मैं,
जो कविता कर रहा हूँ
ठहरा हुआ,
तो हूँ मैं,
तभी तो शब्दों की,
आवारगी कर रहा,
हूँ मैं।

मन में गुबार है,
यही तो मेरी कविता का आधार है।
इसके बिना मैं क्या,
मेरा जीवन ही निराधार है।

आप चंद लोगों की,
शोहबत ही, अच्छी है।

न जाने कवियों की,
तोहमत तो न अच्छी है।

कवि तो फकीरी है,
भाग्यवाले को ही,
ये नसीबी है।
ये तो ईद की ईदी है,
पाक, पवित्र, खाविंदी है,
नेमत है, इनायत है।
खुदा का, खुदा के बन्दों पर।

मत समझना ये,
वक्त का, भाग्य का,
दोष है।

ये तो टूटते हुए सितारों को,
फिर से चमकने का पैगाम है।
ठहरे हुए पानी का,
बहने का आयाम है।
खुशहाल गाँवो में
बैसाखी, बिहू, ओणम,
के त्योहार में सबकी मुरादे
पूरी करने का स्वर्णिम आगाज है।

* * * * *

54

क्या लिखूँ

क्या लिखूँ
तेरा नाम लिखूँ
कि न लिखूँ।

तुझे नाम दूं
या बदनाम करूं।

कसमे वादे,
याद रखूं
कि भूल जाऊँ।

अब तू ही बता,
की मैं क्या लिखूँ।

प्यार की सदायें,
या तेरी अदायें।

तू ही बता कि,
क्या याद रखूं,
और क्या बिसरूं।

रखने को संभाल कर,
सब कुछ रखा है।
प्यार, वफा
और तेरा ये जफा।
सभी है साथ,
कहीं कोई दूर नहीं।

मेरे नसीबी से
बदनसीबी की,
ये कहानी
जुबानी याद है।
क्या लिखूँ,
तेरा नाम लिखूँ
कि न लिखूँ।

जोश में हूँ,
फिर क्यों,
होश में हूँ।

क्यों सोच में हूँ?
गर तो गहरा है।

प्यार तो मेरा,
तेरी समझ में,
शिथिल झील,
सा उथला है।

आबरू से बेआबरू
हो गया मैं,
पूनम से अमावस
छा गया ये,
फिर क्यों न लिखूँ।

हमदम मेरे,
प्यार तो तेरा
जुमा–जुमा है,
हमने तो हजारो लाखों गें
तुम्हें चुना है।

प्यार तो पाक, पवित्र,
दिल के तरंग और
नेक दिल उमंग है।
भवबंधन नहीं,
दिलों का बंधन है,
अमरत्व का भवभंजन है।

तेरी समझ तो नहीं,
मेरी समझ तो है।

वांछित नहीं,
अवांछित हूँ मैं।
सोच रहा हूँ क्या लिखूँ।

बस प्यार तो,
मेरा तेरे लिए,
सदियों से सदियों तक,
अजर अमर कालातीत है।

तभी तो,
मैं भी, तू भी,
सोच रहे।

क्या लिखूँ।
तेरा नाम लिखूँ
कि न लिखूँ।

* * * * *

55

ये चलती रेल

सटर, पटर, खटर
आवाज करती है,
ये चलती रेल।

ईंटा, पत्थर, सीमेंट,
कल, पुर्जे, कपड़े, लत्ते,
ढोती, ये सरपट रेल।

मुसाफिर तो इसका है,
सारा देश,
जात–पात, न
धर्म या भेष,
कोई भेद न करती,
ये चलती रेल।

सबका साथ–सबका विकास
आदर्शोक्ति है,
ये सरपट रेल।

हवा के तेजी से दौड़ती है,
दूरियां छोटी करती है,
हर कोने को जोड़ती है,
ये चलती रेल।

कब, कैसे, हो गया, लक्ष्य,
इसका मुनाफा–खाना !
क्यों नीति में राज–नीति,
साधती आज,
ये चलती रेल।

माना इमदाद है,
साधारण दर्जे की,
आम आदमी की यात्रा।
फिर क्यों, बारबार टिकट
पर प्रदर्शित कर
हमें इमदादी बताकर,
अपने रहमदिली और
रहमोकरम का ढिंढोरा
बजाकर, खुद क्यों ?

रहनुमा बनती,
ये चलती रेल।

क्यों खास, ये
धीरे–धीरे बनती,
ये चलती रेल।

क्यों हमारी,
कमर तोड़ती,
ये चलती रेल।

क्यों टिकट,
कभी मिलते नहीं?
फिर भी वजीर साहेब,
कभी बघारते, थकते नहीं,
ये चलती रेल।

क्यों, आधुनिकता के नाम पर,
गति, प्रौद्योगिकी, निवेश को
तरसती ये चलती रेल।

क्यों, निजीकरण के दौर में,
समाजीकरण का शऊर
भूलती, ये चलती रेल।

क्यों अवर होती जाती,
हमारी ये चलती रेल।

आप क्यों नहीं बताते,
कहा लिए जाते,
हमारे ये चलती रेल।

* * * * *

56

आज तो दीपावली है

अँधेरे में हूँ,
आज दीपावली है,
कुछ दीये जलाकर,
मेरे खुदगर्ज प्रिय,
भेज देना आज।

रोशनी के पर्व में,
ज्योति के याद में,
कुछ दिए जलाये हैं ।
रोशन कर दूंगा,
बुझे हुए दिल को,
आज तेरे ख्यालों से।

ख्यालों के सुतली बम से,
दिल में लगी,

तेरी चिंगारियों से
खुद को, जलाकर,
उड़ा डालूंगा मैं।

आज तो दीपावली है,
कुछ प्यार के दीये,
अपने लहू से जलाकर,
रोशन, हो जाऊंगा मैं आज।

* * * * *

57

रिश्तों का त्योहार

सुना कभी था,
हमने–तुमने।
रिश्तों की गर्माहट ही
पर्व और त्यौहार है।

सोच तो अपना,
हो गया बेगाना।

दादा–दादी,
नाना–नानी,
अब तो हो गए,
एक अफसाने।

क्यों हम–क्यों हम
काका–काकी,
भैया–भाभी,

बड़े छोटे को,
भूल गए हैं।

जाना किनको,
इनसे मिलने,
समय कहां है,
अपनों को।

क्यों भौतिकवाद में,
घुल–मिलकर,
रिश्तों का हम,
चूक चुके हैं।

परवाह किसे है,
चाह किसे है,
अपना कौन पराया है।

भूल गए, हम सब,
देखो, फिर भी हम,
रिश्तों की इस,
बंजर सी धरती पर,
ये कैसा त्योहार मना रहे हैं।

ये कैसा त्योहार मना रहे हैं–

* * * * *

58

एक मिनट रुकिए

एक मिनट रुकिए,
आज तो पर्व है,
धन का धनतेरस'
कुबेर ने खजाना खोल दिया,
लूट सके तो लूट लो,
का ऑफर है,
अवहार, उपहार, का मौसम आया,
किस्तों में, रिश्ते निभाने का,
अनोखे वितीय प्रस्तावों,
की बहार है।

संसार रंगीन है,
फिर भी कुछ लोग हैं,
जो गमगीन हैं,

तमाशबीन बन,
दूर खड़े धनतेरस में,
धन को तराश रहे हैं।

देश भी हमारा अनोखा है,
अजूबों से पट्टा पड़ा है,
कुछ है जिनके पास,
सब कुछ है, सब खुशी है।

कुछ है, जो हमारे नजर में,
आदमी ही नहीं है,
निरही, उदासीन, दुखी,
जो वक्त के बोझ तले दबे हैं ।

नौ लखा हार कहाँ,
दो जून की रोटी नसीबी,
एक त्यौहार है, उनका।
प्रदूषण, गंदगी, अराजकता से,
रोज का दो चार है इनका।

दोस्तों, पर्व धनतेरस का है,
आओ, चल चलें,
उजाला फैलाने,
कुछ अपनों को उठाये,
नसीबी और खुसनसीबी,

का दौर लाये, और,
गिरते हुए मानवीय,
मूल्यों को और गिरने से बचाये।

* * * * *

59

एक तितली–काली सी

शाम हो रही थी,
लौट रहे थे लोग,
घर की ओर।

सड़क पे चल रहा था,
पों–पों, चें–चें,
का रेलम पेला।

होड़ लगी थी,
क्योंकि छूटे थे,
सब, एक साथ।

इत्मीनान से चल रहा था,
एक शख्स और एक बच्चा।
साथ उनके था एक संयोग,

एक तितली, काली सी,
उड़ रही थी, बीचोंबीच सड़क,
रिक्शा, गाड़ी, मोटर साथ।

गाड़ियों के रफ्तार से,
हवा की नोक झोंक से,
तितली उड़ती झोंक से,
कभी इधर, कभी उधर,
हैरान–परेशान,
जान जोखिम में डाल।

शख्स और बच्चा देख रहे सब,
तितली का संघर्ष,
मानव के गमनागमन के साधन साथ।

तितली आस–पास चित्कारती,
अनुनय–विनय करती,
शख्स और बच्चे के पास,
ऐसा लगता, चंद लम्हे में,
काली सी तितली मश्त।

क्लिष्ट ये क्षण,
पुरुषत्व विहीन वह शख्स,
मैं था,

सोच रहा था,
इस सोच के साथ
रेलम पेले के,
पों–पों, चें–चें में,
खो कर संवदेनहीन हो,
मर गया था, हर शख्स।

* * * * *

60

महानगर का बच्चा

आज का महानगर का बच्चा,
ये आक्रोशित क्यों,
माँ बाप कहाँ है।
समय का अभाव है!
तभी होंगे कहीं?
पार्टी, उपहार गृह,
कार्यालय अपने या पराये,
लेते हवा पानी सबकी।

खो रहा है बचपन इनका,
कार्टून, टीवी, मोबाइल में
कौन तोड़ेगा भ्रम महानगर का।

आज का महानगर का बच्चा,
ये आक्रोशित क्यों ?

* * * * *

61

हाँ–हाँ सब ठीक है

हाँ–हाँ ठीक है,
कहती है वह,
सहती है वह,
सबकुछ,
फिर भी कहती है
हाँ–हाँ सब ठीक है।

वक्त बदला,
लोग बदले,
मौसम बदला,
राज्य बदला,
फिर भी कहती है
हाँ–हाँ सब ठीक है।

नये दौर का
नया फसाना,

नया तराना,
नये फितूर के
नये कानून,
फिर भी कहती है
हाँ–हाँ सब ठीक है।

कानून सख्त हो चला,
अर्थ प्रगतिशील हो चला,
आवाम कछुए की चाल भी न चला,
अब कहना होगा,
कुछ भी न ठीक है।
समय की पुकार है,
आई नई ब्यार है,
शिक्षा की बहार है,
फसल शिक्षा की बोना है,
बेटियों को पढ़ाना है,
समकक्ष उन्हें बनाना है,
नारा ये लगाना है,
उन्नति के साथ,
बेटियों का विकास।
फिर कहेंगे सब साथ
हाँ–हाँ सब ठीक है।

* * * * *

62

कौवा–काई

एक से हैं सब,
दो आंखे, दो कान, एक मुँह,
फिर भी सोच अनेक।

कौवा–काई काले हैं।
करे कार्य उल्टा।
एक फिसलन रोके,
दूजा सोच काली कर।
परत दर परत।
कोई सोच न आने दे।

लाभ हानि के खेल में,
खेल रहे हैं सब।
पास खड़ा है कौन,
भूल गए हैं सब।

टूटा सपना अपना,
अपना हुआ पराया,
धन की मंशा में अंश
भी अपभ्रंश हुआ।
कहे ये सभ्यता, फिर क्यों,
सब संभ्रांत हुआ।

आधुनिकता के ग्राफ में,
खोये अपने रिवायत,
कुछ को कठोर इतना किया,
कुछ को लुंज–पुंज सा छोड़ दिया।

नतीजा आज, सब खो दिया है,
कट्टरता, संकीर्णता और मारकाट,
सभी की बीज,
नवजात में भी हमने बो दिया है।
पूछे चिल्ला–चिल्ला कर
ये आज का इंसा,
रोते हुए इन नवजातों से, क्यों बेटा,
बता तू हिन्दू, मुस्लिम या क्रिश्चन,
कौन है भयो !

* * * * *

63

मोहब्बत खरीदे

मैंने मोहब्बत खरीदे,
चंद खिलते हुए चेहरों के लिये।

साथ चाहा है,
आप सभी का।
जब कभी भी,
निजात मिल जाये,
अपनी लहराती हुई,
मोबाइल की, उंगलियों से।

बता देना तुम,
हमको भी–उसको भी ।
चल–चलेंगे।
टुटहा से जिंदगी में,
रोशनी और मोहबत के,
सतरंगी दीये जलाने।

* * * * *

64

ऐबदार हम तुम

मोहब्बत पाक है।

मोहब्बत बरकत है।

मोहब्बत खुदा की इनायत है।

मोहब्बत जब–जब,

बना अलमस्त,

फकत मोहिनी का।

तब–तब,

ऐबदार हम तुम।

ऐब तो इन कातिल सी,

हसीनों की फरेबी नजरों में है।

कब पलकों से उठा कर,

चिलमन से गिरा देंगी,

सितम दुनिया की ढा देंगी,
इल्म इसका तो।
न इनको भी है।
न तुमको भी है।
न हमको भी है।
न जमाने को भी है।

बस इतनी सी इल्तेजा है,
लिखते–लिखते,
न चलते–चलते हो जाना,
क्योंकि हसीनों को
इब्तिदा से ही,
खुदा की सबसे पहले रहमत है।

* * * * *

65

त्योहार

त्योहार का मौसम आया,
बाजार पट चुका है सौदों से,
खरीदार पट पड़े है रास्तों पे,
गलियों, दुकानों और इन्टरनेट पे।

त्योहार ढूंढ रहा हूँ मैं,
सुन रखा है, होता है,
ये दिल दिमाग चाक जिगर में।
बड़े, बूढ़े के आशीर्वादों में,
बच्चों के खिलखिलाहट में।

आज तो त्योहार सौदों में है,
लोगो के क्रय शक्ति में है
दुकानों के कोलाहल में है,
प्रकृति के दोहन में है।

सुना था !
त्योहार तो प्यार है,
परिवारों के मिलन के
इजहार, इकरार और तकरार है।

त्योहार तो बहता कलकल पानी है,
दुख–सुख, सच्चाई–बुराई,
एकजुट संयम एकता का प्रतीक है।

हाय ये क्या !
त्योहार तो अब सिर्फ दुकानों के
छूट के प्रस्तावों तक ही सीमित है।

त्योहार तो अब व्यापार है,
बेचने खरीदने का बिक्री प्रस्ताव है,
भावशून्य भावहीन बेजान धंधा है,
मूल में छिपा जिसके,
सिर्फ और सिर्फ चंद आकाओं का लाभ है।

* * * * *

66

फरिश्तों के आतिश में

फरिश्तों के आतिश में,
गमों का रकबा छोटा होता।

दिलों के मिलने से,
जोड़ियों का सितारों से मिलन होता।

बुलंद होती जो किस्मत इस अंजुमन का,
मुफलिसी में मुरादी की महसूली,
का इरादा न होता।

प्रलुब्धा सी ये सहचरी की ख्वाहिश,
न की होती जो मैंने।
निशाचर हो मैं,
यूं गुनगुनाता न, मैं होता।

फना हो, मैं वजूद,
मिटाने को यूँ आतुर
सितमजदा क्यों होता।
सहारा जो तेरा,
ऐ बेवफा होता,
यूँ मैं कलम का सिपाही बन,
न यूँ आवारा होता।

* * * * *

67

आज हम कुछ और होते

आज हम कुछ और होते,
तुम भी कुछ और होते,
अगर हम साथ होते।

साथ हमारा–तुम्हारा जो होता,
प्यार का तरन्नुम भी होता,
जिंदगी का फसाना भी होता,
साथ जो हम होते,
आज हम कुछ और होते
तुम भी कुछ और होते।

यूँ भीड़ में खड़ा मैं,
बिलकुल अकेला न होता,
खुद से अनजाना,
यूँ दीवाना सा न होता,

साथ जो हम होते,
आज हम कुछ और होते
तुम भी कुछ और होते।

ये मुनासिब तो नहीं,
यूँ मुनसिब के दरबार में,
तकरार जो है,
साथ बैठ अगर हम,
गम हलक कर लेते,
आज हम कुछ और होते,
तुम भी कुछ और होते।

पहचान तलाशते हम,
जो फिर रहे है,
शहर दर शहर,
अपना भी,
एक घरौंदा होता,
साथ जो हम होते,
आज हम कुछ और होते
तुम भी कुछ और होते।

* * * * *

68

अकेलाः भीड़ में खड़ा मैं

भीड़ में खड़ा मैं,
बिलकुल अकेला,
खुद से अनजान,
खो गया,
खुद की तलाश में,
बेसुध हूँ पड़ा,
मैं खुद की तलाश में।

तलाश क्या, अब तो एक लाश हूँ
रोशनी की पराबैंगनी किरणों ने,
यूँ जलाया और यूँ सताया कि,
ज्योति की तरंगो से छिपते,
भीड़ में खड़ा मैं,
बिलकुल अकेला।

काश भीड़ में तू मेरे साथ,
हाथो में हाथ, हमदम सा,
मेरा साथ देती जो,
आज हम कुछ और होते
तुम भी कुछ और होते।

* * * * *

69

कोशिश करना

व्यक्ति से समाज,
गुरु से ज्ञान,
व्यवहार से सम्मान,
कर्तव्य है प्रधान,
सार है, इस कवि का।

कोशिश करना,
सीखना, समझना, पहचानना,
हारा हूँ, फिर भी हारने की चाहत है,
खुशियाँ बिखेरने की रवायत,
आधार है,
मेरी छोटी सी इस जिंदगी का।

बंदगी है परवरदिगार की,
विरक्ति है धर्म के वहम से,

लोभ है इंसानियत का,
झोभ है, नासमझी का।
इन्तज़ार है मुझे
सिर्फ उस यम का।
साथ ले जाने को बैठा मैं
क्रोध, काम, ईर्ष्या,
द्वेष मोह–माया को।

चलो चले मैं, तुम, हम और सभी,
रुखसत करने उस द्वार तक।
क्या साथ दे पाओगे, आप सभी।

* * * * *

70

रिश्ते टूटते हैं, बिखरती है जिन्दगी

दीवाने को दर्द का साथ,
प्रेमी को प्रेमिका का साथ,
जिंदगी में हमदर्द का साथ,
हर गुजरते लम्हे में,
किसी न किसी का साथ न हो,
तो हम भी अधूरे तुम भी अधूरे।

कागज के फूल,
बिन सुगन्ध के साथ
बिकते है यहाँ।

रिश्ते टूटते हैं, बिखरती है जिन्दगी,
समझ है फिर भी नासमझ बन क्यों,
मेरे सनम, अपने अहम में,
हमें क्यों उलझाती है, जिंदगी।

साथ न अब हो पाओगी,
दूर जाती हुई लहरों की तरह,
छू कर निकल जाओगी।
पता है, पर खता क्या है !
हाँ, जो अंश है तुम्हारा,
उसे क्या बता के जाओगी।

वक्त है संभल जाओ, ऐ मेरी जिंदगी,
छदम अहम को हवा कर, हम–तुम।
अँधेरे से रास्ते को कुछ खुशनमा सा,
बनाते हैं, ऐ मेरी जिंदगी।

* * * * *

71

ये चाहत

दीवाने की दीवानगी,
कवि की रुमानियत,
आशिक की बेकरारी,
सभी का एक ही करार है,
ये चाहत।

चाहता हूँ मैं तुम्हें,
चाहती हो तुम मुझे,
सोचता हूँ मैं ये जो,
खुद को कोसता हूँ मैं।

गैरत क्या बिकी महबूबा तेरी,
हकीकत को दुःस्वपन बनाया,
दिल को यूँ सताया, कि लहू सख्त हो गया,

बर्फ सा सर्द, रंग लाल से सफेद,
भावना बिखर सी गई, दुर्भावना घर कर गई।

आज कल न चाहत है तेरी, सिर्फ बद्दुआ है मेरी,
न तेरे लिए न मेरे लिए, बस सितमगर जमाने के लिए।

* * * * *

72

कवि की कल्पना

कवि की कल्पना में,
कवि की कविता में,
कवि की रचना में,
कवि और उसकी स्त्रीलिंग ही है।

लोहे की इस्त्री जब गर्म होती है,
कपड़े तब नर्म हो जाते हैं,
आड़े, तिरछे, कपड़े की रेखाएं,
सीधी हो जाती है।

कवि की स्त्री गर्म हो तो,
कवि की कल्पना, कविता तथा रचना,
को ग्रहण लग जाता है।

कवि ही ऐसा व्यक्ति है,
जो वीर रस, हास्य रस, शौर्य रस,

कि परिकल्पना से दुनिया इधर से उधर करता है।
यथार्त में कवि के पास न वीरता, न शौर्यता, न हास्य है ?
बस और बस उसकी बेचारगी है।

* * * * *

73

खुदगर्ज प्रिय

देखा जो मैंने,
कैसे ये तूने,
बेचे ये गैरत।

सौदा जो किसी का,
तुझको निभाना ही था।

मदहोश क्यों कर गए,
जब दूर जाना ही था।

धोखा जो देना था,
अपनी खुशी के लिए,
मेरे खुदगर्ज प्रिय
बताना था पहले,
मुहल्ले से मैं सारे,
दो चार यार, यूँ ही ले आता।

जनाजे को तुम्हें कांधा,
देने की न आती, ये नौबत,
शिकायत, फिर ये तेरी, न होती,
चाक, चौबारे, मुहल्ले से।

जनाजा जो तेरे दर से,
उठता ये मेरा,
आहें ये मेरी,
सदा बतलाती,
कातिल तू है मेरी।

सदायें ये मेरी,
पीछे है तेरी,
छोड़ेंगी न यूँ ही।

आके जरा तुम,
जनाजे को छू जाओ,
मेरी मोहब्बत को
सदा के लिए,
अमर करके
तुम चली जाओ।

* * * * *

74

कौन है फूल

सुबह सवेरे मैंने देखे दो फूल,
सोच मेरी कहीं खो गई,
पूछा खुद से, कौन है फूल,

रंग बिरंगी, सतरंगी, फूल,
ठेले पर सजी, पानी सी कुछ भीगी,
अपनी सुंदरता से मन को मोहे,
खुशबू दूर तलक जिसके बिखेरे,
आकर्षित हो, सब देखे,
सजे थे ऐसे फूल।

फूलो को गूँथ रही थी,
रंग बिरंगी आकारों व मालों में,
वो महिला।
पास खड़े थे ठुमक–ठुमक करते,

नंगे बदन, नंगे पैर,
दो छोटे से उसके बच्चे।

फूलों के भक्त, कोई पण्डित, कोई ज्ञानी,
सभी सम्भ्रांत, समझ से परिपूर्ण,
मोल–भाव करने में तल्लीन,
लेते चले जाते सुंदर से निर्जीव फूल,

मैं क्या बोलूं समझ न पाया,
कौन है असली फूल,
नंगे बदन ये बच्चे या ये निर्जीव फूल।

मानव की सोच को कैसे हो गया, ये पक्षघात,
क्या यही है, वर्तमान का मानव विकास।

* * * * *

75

गुमसुम, गमजदा बच्चे

चंचल मन, कोमल–सा हृदय,
अठखेलियां, ठिठोलिया, नटखनापन
तभी तो होते है ये बच्चे,

रोज सवेरे जाते ये बच्चे,
बढ़ने और पढ़ने को स्कूल।

देखा जो मैंने आज इनको,
शांत थे सारे, नहीं थी कोई आवाज
सोचा जो मैंने, ऐसा क्या हुआ,
कैसे हो गए ये रातोंरात, ये बड़े बच्चे।

सोचा जो मैंने, क्या हुआ ऐसा,
पूछा जो मैंने अपने आप से,
गुमसुम, गमजदा बच्चे,

युद्ध या स्कूल, कौन–सी ओर
ले चले हम इन माटी के कच्चे,
दिल के सच्चे बच्चों को।

सोचा खुदा के बंदगी के साथ,
चले तो हम भी थे एक दिन,
डगर में इतनी मोड़ें थी,
रास्ता जो भूले हम,
फसल जो बोई है बैर की,
इम्तिहान है ये शर्मिंदगी की।

फिर क्यों बनाये इन बच्चों को,
गुमसुम, गमजदा, बच्चे।

* * * * *

76

लिवर या जिगर

लिवर देना कितना कठिन है, ये मैंने देखा एक दिन,
आदमी सर सय्या पर पड़ा,
उधर डॉक्टर ने कानून की किताब खोलकर पढ़ा,
ये बताया, आदमी मर जायेगा तब भी
डॉक्टर तो कानून का साथ निभायेगा।

खौफ आँखों में उस मौत की मरीज में मैंने देखी,
खौफ उस माँ की आँखों में मैंने देखी,
पड़ा था नौनिहाल जिसका सर सय्या पे,
किन्तु खौफ था कानून का डॉक्टर की आँखों में,
बता रहा था, चंद पैसो की खातिर कई ने ईमान बेच दी,
नतीजा जो आज था, लिखित कानून का ही राज्य था।

सुना था हमने वो गाना, जाने जिगर जानेमन,
जिगर की अहमियत हमने यहाँ आज जाना।

जानेमन तो साथ खड़ी थी, रुदाली आँखों से,
जिगर ही कुछ लड़खड़ा रहा था बदहाली से।

साथ खड़े तो लोग सारे, मित्र, बंधू, रिश्तेदार,
सवाल यही खड़ा था, जिगर लाये कहा से ढूंढ के ये सारे।

कभी सोचा न था बेसहाय होंगे हम इतने,
कहा तो ढूंढ के लाया था ऐ दोस्त, इतने जानेमन सारे,
बता तू ये पहले जाता, जिगर हम ढूंढ के भी लाते, ,
तुझे यूँ न मझधार में छोड़ जाता मेरे मित्र।

सुना था हमने किस्से–कहानी में ही सावित्री के बारे में,
देखा वो रुदाली, पास आई, कहा उसने जोर से,
यमराज देख मैं आ गई हूं, तुझे जाना ही होगा,
ये पड़ा जो मेरा शौहर है, इसे वापस आना ही होगा,
मेरी अस्तित्व है ये, मेरी मर्यादा है ये,
जिगर जो मेरा है, हक तो इसमें इसका है।

सब खड़े थे, सब सुन रहे थे,
इनके प्यार को देख कर
यम दूर से ही नमन कर जाने को हो आया था।

* * * * *

77

चंद्र की ज्योति

पूर्णिमा की रात को चंद्र की ज्योति से,
जो धरती पे ओज छाता है।
प्रेयसी का हृदय प्रीतम का संग पाने को प्यासा हो जाता है।

चन्द्रमा ने ज्योति से बोला, क्यों रोशनी में,
धरती से ये काले से धब्बे दिख रहे है।
ज्योति ने बोला, चंद्र तू इतरा नहीं, ये इंसान के पदचिन्ह है।
थोड़े ही समय की बात है, चन्द्रमा पे इंसान उड़कर जो आ रहा है,
चंद्र तेरा ये प्रकाश, क्षणभर की तो माया है,
धरती की जो चक्कर लगाई, सूर्य से जो मित्रता निभाई,
इंसान जो तेरे पास है, जल्द ही तेरा सर्वनाश है।

चंद्र ने ज्योति से बोला, चल–चले हम भाग,
जा छिपे पृथ्वी के ऐसे गर्भ में,
इंसान का जहाँ कभी न हो एहसास।

ज्योति तू बनके चंद्र की संयोगिता,
छोड़ कर चंद्रमा की इस सतह को,
चल चले हम धरती के गर्भ में।
ज्योति जो तेरा साथ है, धरती का गर्भ भी प्रकाशमय है।

चन्द्र का ये अँधेरा, सोख लेगा काले छिद्र सा,
इंसान की ये स्वछंदता की कल्पना।

ज्योति बोली, चंद्र मैं कर नहीं शक्ति हूँ ऐसा,
जात–पात और धर्म की चक्रव्यूह में
जा फँसी है चंद्र की ये संयोगिता।
गुरुत्वाकर्षण जो मेरा बाप बन बैठा है,
मेरी विकीर्णता को क्षितिज से धरती के गर्भ में जाने न दे।
चंद्र अब कुछ बचा नहीं है, देख विनती है ये अब,
बस और बस इंसान को तू देख आने दे।
और देख कोई गाँधी, मंडेला या लिंकन का पुनर्जन्म का कोई एहसास आने दे।

* * * * *

78

ओ मेरी रोशनी

किसी की मजलिस से तूने जो रोशनी जलाई है,
सितम उसके, तेरे ख्वाब उड़ा ले जायेंगे।
घरोंदे का ख्वाब तेरे साथ देखा था,
हकीकत में हमसफर तेरा साथ चाहा था।

क्या तेरी बख्त इतनी ही थी कि दुनिया के सितम ने तुझे बेवफा बना दिया।
कर इतना मुरवत, साथ न हो पाये, तो अपना हमसाया ही रुखसत कर दे।

याद आती है तो बेचैन हो जाता हूँ,
सोचता हूँ आप भी बेचैन होंगे,
क्यों ये गफलत में जी रहा हूँ मैं,
सौदा करके भूलने की फितरत है आपकी।

सोचता हूँ ये तेरा इश्क था या तेरी मजबूरी,
ओ मेरे रोशनी,
या सीढियाँ दर सीढियाँ चढ़ने की ख्वाहिश थी तेरी।

आसमाँ छूने की ख्वाहिश में,
इतने ऊपर पहुँच गए आप,
क्या मेरे जिन्दा रहने का भी ख्याल न था आपको।

लो भूल गए,
ऊपर से ही सितमगर गिरते है नीचे,
देखना कही मेरी कब्र के सामने ही न वो जगह हो।

आपको ये इल्म है,
आइनों के दरकने से आवाज नहीं होती,
इंसान के जिन्दा दफनाने से रूह से कोई आवाज नहीं उठती।
बस सदिया दर सदिया मेरे कब्र पर तेरे भटकने का,
बस अहसास ही होता।

* * * * *

79

एक मच्छर ने काटा मुझको

एक मच्छर ने काटा मुझको,
देखा मैंने बहुत छोटा था, काला था, दन्त नुकीले,

मैंने सोचा हो गया डेंगू, मलेरिया या चिकनगुनिया।
झट से मैंने हाथ उठाया, मच्छर को कुछ समझ न आया,
उसने भी जोर से डंक मारा, मैंने भी उसे जान से मारा।

मन ही मन खुश हो रहा था, मच्छर मरा गिरा जमीं पर,
देख के मन में विचार आया, सृष्टि ने क्या जीवन रचाया,
इंसान को ही सर्वश्रेष्ठ बनाया, थोड़ी देर में देखा मैंने।
लाल–काली सी हिलती–डुलती रेखायें कुछ छोटी कुछ लंबी,
मच्छर लिए मुँह में दबाकर, सरक रही थी थोड़ी थोड़ी।

मन में सोचा हम तो इंसान, सर्वश्रेष्ठ, रोको इनको, हाथ लगाया,
धीरे से ही, पर ऐसा काटा, हो गए हम गुप्प लाल।

छोटा–बड़ा कोई न होता, वक्त और परिस्थिति एक सा न होता,
जीवन की ये है लंबी डगर, वक्त को है न धैर्य तुम्हारा।
हो अधीर–अधीर तुम, दौड़ पड़ो तुम, दौड़ पड़ो तुम।
कर्तव्य का साथ, कर्म की डंका, मदमस्त हो तुम, रण अवतार बनो।
दोष न देना, इन मच्छर को, साथ भी इनका है सम्मान हमारा।
हमने की है प्रकृति से छेड़छाड़, अब प्रकृति करेगी तिरस्कार हमारा।

* * * * *

80

काम नहीं है, वक्त भी नहीं है

काम नहीं है, वक्त भी नहीं है,
कमबख्त बेवक्त,
क्यों लोग काम का रोना रोते हैं।

बढ़ती–घटती शुतुरमुर्ग चालों में,
शतरंज की अष्ट चालों में,
शह या मात की अंधियारी ख्यालों में,
मानवता के ये रखवाले,
बेवक्त ही वक्त का रोना रोते ।

प्रगति की चाह नहीं है,
इन्कलाब की आह नहीं है,
झर–झर कल–कल बहती नदियाँ,
रोक खड़े,
धरती की आंगन को रक्त रंजित कर,

महिमामंडित अभिमा के साथ,
कोई हमसे छुप के खेल रहा है,
धीरे–धीरे पर सारे ही,
बेवक्त ही वक्त का रोना रोते है।

क्या था मैं,
क्या हूँ मैं,
ये सोच रहा हूं,
वक्त ही वक्त है,
मैं सोच रहा हूं।

वक्त का फलसफा कौन पढ़ा है,
अगले पल का किसे पता है,
जिसने इसको जाना है,
समझा है,
दूर कहीं वो छुपा खड़ा है।

वक्त है बलवान,
आज है मेरा कल है तेरा,
सृष्टि का है शाश्वत सत्य,
हमें पता है तुम्हे पता है,
फिर क्यों बेवक्त हम वक्त का रोना रोते है।

तुम हो छोटे,
तुम हो निकम्मे,

तुम हो गाँव के गंवार,
ऐसा तुमने सोचा है,
पर वक्त पे क्या तेरे कोई अपना साथ खड़ा है।
फिर क्यों रोता है।

कब तक क्रोध, काम, मोह, माया की,
होली खेलोगे,
कब तक खुद ही आग लगाओगे और बुझाओगे,
क्या वक्त इसके लिए रुका पड़ा है।

* * * * *

81

ज्योति

ज्योति के आने से अँधियारा छंटता है।
ज्योति के जाने से दिल फटता है।
पर ज्योति को क्या फर्क पड़ता है,
वो तो ज्योति की गति से मेरे आँखों से ओझिल हो गई,
और हम अभी भी हृदय के धमनियों में, हृदयाघात से बचने के लिए,
ज्योति के तरंगो के आस में जी रहे है।

ज्योति आप महान हो, आपने अपने दिल के दुकान में,
कई ज्योति छुपा रखी है, जो रंग बदलती वक्त के साथ,
मृग तृष्णा की तरह, रेत की टीलों में हरियाली बिखेरने की जगह,
अपनी ज्योति जला, अपना ही रंग बिखेरते,
कीट पतंगों को जलाते हुए, अपनी ही गति से गतिमान है।

ज्योति को अपनी गति का अभिमान है, अपने पे ही गुमान है,
तुम कौन हो, तुम्हारा दर्द क्या है, तुम्हारा अस्तित्व क्या,

ज्योति इन सब से बेखबर, सैर करती है इस आकाशगंगा में,
असंख्य टिमटिमाते हुए टूटते तारे, ज्योति की तरफ देखते है,

ज्योति न तो रुदाली है, न ही तेरे साथ की हम ख्याली है,
ज्योति तो सिर्फ अपना वक्त देखती है और गतिमान हो,
अपना स्वार्थ सांधते हुए, बहती हुई आँखों को चौंधियाते हुए
अपनी ही ज्योति जलाते ओझिल हो जाती है।

ज्योति की रंग बदलती सतरंगी इंद्रधनुष चालों को
ये कीट, पतंग शत–शत नमन करते है।

* * * * *

82

सोच नई तू लाना अपना इंसान हो बस इंसान जैसा

लोग कायर,
लोग काहिल,
फिर भी,
जी रहे है बदहाली में।

अपनी सोच,
अपनी ढपली,
अपनी आगाज के ख्याली में,
मदहोश हो नाच रहे है,
भौतिकवाद के खुमाली में।

पास खड़ा कौन है,
भूखा, नंगा,
क्या यही है इंसान,
ये सोच रहे है या न सोच रहे है,
पर सरपट दौड़ लगा रहे है।

भूख बढ़ी मांस की,
प्यास बढ़ी शराब की,
नोच रहे है,
खसोट रहे,
इंसान की इंसानियत।

ऐ दोस्त क्या किया हमने अपना,
तुम न करना ऐसा अपना,
सोच नई तू लाना अपना,
इंसान हो बस, इंसान जैसा।

* * * * *

83

थोथा ज्ञान, आधा आंगन

देखो वक्त ये खूब है,
थोथा ज्ञान, बजती ढपली,
की ही धूम है ।
हर कुछ, यहाँ जो दिखता है,
एकमुश्त वही पैमाना बन
इस वक्त यहाँ बिकता है।
समता असमता की बात तो कल की,
ज्ञान अज्ञान का तौल,
बात है बेमानी।
आलस ही है, आज सुहानी।
सपने हकीकत का आधार,
थाप है, उपभोग का।
अज्ञान की स्वरबद्ध गूंज,
एक सच है, सौ झूठ का।

ये देख सब,
हृदय की कंपन,
सृजनता का दर्पण,
ठहर रहा है।
चारो ओर अज्ञान की प्रतिध्वनि,
सुन,
अंधियारे अनुयुग में,
इंसान मेरा, कुछ सहम रहा है।

* * * * *

84

कोरे कागज

कुछ लिखना है कुछ भूलना है,
बिसरे यादें, मुझे इस,
कोरे कागज में क्रमबद्ध करना है।
आज तो सब कुछ कोरा है,
कर्म कर्तव्य ज्ञान भी अधूरा है।
कल क्या है,
एक भूल–भुलैया, आपा–धापी,
जोड़ तोड़ की आँख मिचौली।
एक बेचैनी,
आने वाले पल की।
मेरा कल क्या था,
ये खोज रहा हूँ।
बिसरे पल का लेखा–जोखा,
कोरे कागज में ढूंढ रहा हूँ।

कशमकश की बेदी पे,
तन–मन–धन का दर्पण,
बिखर चुका है।
खोये हुए अहसासों को,
फिर क्यों, वक्त आज ये,
तलाश रहा है।
छिपा हुआ है,
आज जो मेरा कल के अंधियारे में।
ढूंढ रहा है, निश्छल होकर,
कोरे कागज को रोशन करने,
भोर का उजियाला।

* * * * *

85

सच्चा मन, सच्चा धन

सच्चा मन, सच्चा धन,
सर्वत्र नमन, सदा खानिध्य।
याद करे दुनिया इनको,
रक्षक, सर्वहारा, माने इनको।
धन बल की नहीं कामना,
कुचक्र, क्लेश, काम की,
करते नहीं, ये आराधना।
सच्चा मन, सच्चा धन,
स्वजनों की सेवा उपासना,
मन की हो, ये सदा कामना।
सत्य–असत्य का भाव विचार,
सहैव साथ तीर कमान सा।
उग्र, अधीर, दुर्भावना,
कोप, रोष, द्वेष की भावना,

की ही सर्वभूत सम्भावना।
वर्तमान अपना स्वार्थ साधना,
निर्दयी विचार का उद्विग्न प्रहार।
संरक्षित कर ले तू,
सत्य विचार की भावुक कामना।
धरती, आकाश या हो ब्रह्माण्ड।
सच्चा मन, सच्चा धन,
रहे हमेशा, हर पल साथ।
डर मत,
आगे बढ़,
प्रेम शांति की अमर ये वाणी,
ईश्वर है।

* * * * *

86

आमोदक

जोशीले नौजवानों,
कहाँ गुम हो तुम।
ढूंढ रहा है जोश तुम्हारा,
दर–दर भटके, गुहार लगाये,
मेरा नौजवान दोपहिया छोड़,
वातानुकूलित में बंद क्यों।
कुछ पल की ये आमोदक,
नौजवान क्या तेरा, तल चिन्ह इतना उथला।
मान पड़ा क्यों कैसे तू,
जब
धरती माँ की दोहन को,
सब ओर खड़े मंदबुद्धि हैवान।
धार प्रवाह पे,
धुँए का मैला चादर,

तेरे जोश को ढक कर,
वर्तमान, भविष्य का, चिंतन, ज्ञान को,
मजे–मजे में,
पंगु, लूल्हा, टुटहा करता।
कुछ करने को ठाना है तो,
जोश में आओ, ओ जोशीले,
सब्र बांध का तोड़कर तुम,
हाथ में,
कील हथौड़े औजार और पाना,
ले ठोक दो तुम, इस आमोदक को।

* * * * *

87

माँ के सपनों को पूरा करना है

मुझे कुछ बनना है,
ख्वाबों को हकीकत से रूबरू करना है।
फड़फड़ाते हुए पंछियो संग,
आसमान की बुलंदियों को छूना है।
मुझे बनना है।
मुझे कुछ रचना है,
सृष्टि की सरंचना को, संजोये रख,
कुछ रचना है।
मुझे बहना है,
धारा के बहावों को,
बांधों में न उकेर के,
मुझे बहना है।
मुझे रहना है,
माँ के आँचल के छाँव में,

ममता के आँगन के बीच,
मुझे रहना है।
मुझे बस उस माँ के,
कंधों का सहारा बन,
उसके,
अधूरे सपने में कुंचों से रंग भरना है।
बस,
मुझे माँ के सपनों को पूरा करना है।

* * * * *

88

मन मेरा, मौजा ही मौजा

चुप रहना, कुछ न कहना,
मन मेरा, मौजा ही मौजा।
भीड़ में मैं अकेला, सोच रहा,
क्यों कुछ न कहता, क्यों मैं अकेला।
न जाने फिर भी क्यों,
मन मेरा मौजा ही मौजा।
झुण्ड में पेशेवर मजदूर,
गर्म हवा, विषय गंभीर,
चर्चा–परिचर्चा, शास्त्रार्थ,
क्या ये बहस मुनासिब।
सोचता मन,
चुप रहना, कुछ न कहना,
मन मेरा, मौजा ही मौजा।
पास दूर होते निष्कर्ष,

क्रोध, कटुता, अतिक्रमण,
विचारों से उतर द्वेष–विद्वेष का माहौल।
मन का मैल से, बड़ा होता गर्म गुब्बार।
फट पड़ा पेशेवर मजदूर,
गिरह खोल, गिरेबान चढ़ा तैश में आ,
बकवादी बन करता, आबोहवा दूषित।
सोचता मन,
चुप रहना, कुछ न कहना,
कितना अच्छा, स्वयम आनंद,
मन मेरा, मौजा ही मौजा।

* * * * *

89

जीना ये आसान नहीं है

जी नहीं है, जान नहीं है,
जीने का अरमान नहीं है।
रफ्ता, रफ्ता, वक्त,
जो चलता,
जीना ये आसान नहीं है।

जीतेजी जो हार गये,
जज्बात अपने जो गये,
जज्बे तो सारे, सो गये,
जलने को, तन्हा,
जो छोड़ गये।
जीने की अरमान नहीं है,
जीना ये आसान नहीं है।

जाने क्यों इस रूह में,
जाने का भी कोई गम नहीं।

जालिम जो तेरे जेर से,
जाते हुए भी दूर से,
जमते हुए अश्कों से मैं,
जा रहा हूँ, रफ्ता–रफ्ता।
जीना ये आसान नहीं है।

जिन्दा हूँ बस, जान नहीं है,
जन्नत की आजार नहीं,
जख्म तेरे, मेरे है जेबा
ज़ीनत जुदा तो जिस्म क्या,
जायज़ नहीं अब ये वक्त जो
जीना ये आसान नहीं है।

* * * * *

90

ये कौन–सी बात है

ये कौन–सी बात है,
दौड़ पड़ी वो, छोटी–सी लड़की,
हरी बत्ती से लाल होते।
गति तेज, लगे जैसे,
करंट का झटका,
गाड़ी चलती, लड़की दौड़ती,
पहुँच चुकी वो बत्ती पर, फिर।

भीख मांगना, बुरी बात है,
दूर बैठे रुकी, चलती, गाड़ी में,
चुपचाप, ये देखना,
अच्छी बात है!
अपना देश, अपनी माटी,
कैसे भ्रष्ट हुये विचार,

ये कौन सी बात है।
ये कैसा विकास है।

चर्चा, परिचर्चा,
कभी खाट पे,
कभी चाय पे,
कितनी बार, दौड़ लगाये,
लाल और हरे के खेल में,
कब तक लड़की, यूं बौराये।
ये कौन सी बात है,
ये कैसा विकास है।

वक्त से लड़ाई, सब लड़ते है,
कुछ ठहरते, कुछ सुस्ताते, फिर लड़ते है।
पल पल की वो,
लाल हरे की,
बत्ती की ये,
लड़की से लड़ाई,
ये कौन–सी बात है,
ये कैसा विकास है।

* * * * *

91

अंदाज ए बयां, वक्त का

अंदाज ए बयां, वक्त का,
शाज, शहनाई, श्रृंगार कर,
छठा–घटा में, कर्म की साधना की,
ज्योति,
अंदाज ए बयां, वक्त के साथ जलायेगा।

विस्मित है वो, मदहोश है वो,
प्रीत के ब्यार के नव बौछार से।
पल ये अगला, रीत क्या लायगा।

धड़कते दिल की, धधकते अग्न से,
श्रुति मीत का, संगीत प्रणय का,
मन आंगन में, यौवन की कोपल,
अंदाज ए बयां, वक्त के साथ खिलायेगा।

भँवरे कली की, संयोग की बेला,
मन ये बावला, तन ये कंपन।

मीत प्रीत के सम्भोग के उद्धव से,
सृष्टि में अब फिर कोई, नव ब्यार
प्रेम का,
अंदाज ए बयां, वक्त के साथ बहायेगा।

* * * * *

92

वक्त के हाथों में

दे दो अपने वक्त को,
वक्त के हाथों में।

पल पल का हिसाब
रहने दो,
वक्त के हाथों में।

रेतों में, यादों की तस्वीरें,
उकेरना, छोड़ दो,
वक्त के हाथों में।

हवाओं के बवंडर में,
रेतों को लड़ने,
छोड़ दो,
वक्त के हाथों में।

वक्त से खेला था, हमने कभी,
वक्त ही खेल रहा है,
तब से अभी।

वक्त था, ये भ्रम था,
कि मैं हूँ
वक्त है कि, पूछता फिर रहा,
मैं क्यों हूँ।

वक्त है, संभल जा,
वक्त–सा पिघल जा,
वक्त–सा अमर बन,
एक इंसान तो बन जा।

* * * * *

93

चर्बी बढ़ता, थुलथुल देश

चर्बी बढ़ता, थुलथुल देश,
आहार का बदला, ऐसा परिवेश।
भोजन सूची, सुबह है पास्ता,
दोपहर पिज्जा, शाम को बर्गर।

बोतल, डब्बा, थैली, पैकेट,
संसाधित खाना का मौजूद जमाना।

दाल–भात, रोटी–सब्जी,
पुआ–पूड़ी, लिट्टि–चोखा।
समय से पहले, पचकर गायब।

सब्जी रोती एक किनारे,
रंग हरा से हो गया पीला।
हँसता अपना आलू भैया,
मांग तो इसकी बनी है, अभी तक।

कलयुग की है, कैसी ब्यार,
हाथ किसे है, आज हिलाना,
खाना किसको, आज बनाना।
अधिकारों का है पिंग बढ़ाया,
पाकशाला की चिंता सजाई,
उलझे जिसमे भैया–भौजी, सास–लुगाई।

* * * * *

94

टूट गया है

सपना अपना इस जीवन का,
टूट गया है।

पूंजी अपनी इस संगत का,
बिखर गया है।

राही रास्ता, इस मंजिल का,
खो गया है।

दर्द है इतना, इसको सहते,
टूट गया हूँ।

किवदंती इतनी, इस व्यथा की,
संकलन करना, छोड़ दिया है।

कैसे बताऊँ,
मौला अपना, इस अनुयायी को,
इस मझधार में,
क्यों भूल गया है।

* * * * *

95

दिल का आंगन खुला है मेरा

घर आंगन खुला है मेरा,
इन्तजार है तेरा दशकों से,
पल दो पल का पतझर छोड़,
प्यार का कोपल आने दे।

मन मेरा ढूंढ रहा है,
फिज़ा में फूलों की, भीनी–भीनी खुशबु।
खुले आंगन में खोज रहा हूँ,
खोया अपना संसार जहाँ।

घर आंगन खुला है मेरा,
रुके वक्त को दौड़ लगाने ।
रुके रहोगी, तुम कब तक निर्मोही,
समय का लेखा–जोखा ठहरा मेरा।

बाट जोह रहा और भी कोई,
दिल का आंगन खुला कर अपना।
अपराध तो तेरा अक्षम्य है।
दुआ है उसकी, छोड़ दिया।

घर आंगन खोलो अपना,
हवा का झोंका आने दो।
जीवन का बसंत जो बीता,
लेख–जोखा, बचा है, अभी अश्कों का।
पतझड़ जाये,
खुले आंगन में वसन्त तो आने दो।

* * * * *

96

मैं कैसा

एक समाज है,

वाणी विराम पे,

सोच निःशब्द,

प्रवृत्ति जड़ता,

गति शून्य,

शरीर पक्षघात।

ये हमारा समाज है।

लोग कैसे,

एक पल गर्म,

दूजे पल नरम,

पलके बोझिल,

धड़कन डब–डब,

रिश्ते सुखाड़,

आषाढ़ विपदा,
निरुत्तर मन,
ये हम लोग है।

मैं कैसा,
अँधेरा पूनम का,
रोशनी अमावस्या की,
ईष्या खुद से,
निकाला जमात से,
कर्म निम्न।
कोढ़ मन का।
मैं हूँ ऐसा।

लिखे तो क्या लिखे,
निरुत्तर मन, कुछ न लिखे।

* * * * *

97

तुम, ठीक व्यक्ति नहीं

लो एक और कहकशां,
लो एक और दुआ,
लो एक और बद्दुआ,
सुना के कोई,
अभी अभी ही गया।

स्तब्ध, निःशब्द,
लड़खड़ा, संयम हो।
मैं ढूंढने चल पड़ा,
फिर एक नई बददुआ।

आहिस्ता–आहिस्ता,
एकनिष्ठ हो, निपुण मैं,
झेलने में, ये बद्दुआ।

वो आज फिर आई,
बोली तुम, ठीक व्यक्ति नहीं।
फर्क नहीं पड़ता तुम्हें।
गुरेज ही नहीं,
क्यों? कोई अभिव्यक्ति नहीं।

हँस पड़ा खिलखिलाकर मैं।
कोई शिकन नहीं।
लगे कौन सी बद्दुआ।
यहाँ तो रुके, खड़े है अरसों से।
क्रमबद्ध कतार में, ये बद्दुआ।

* * * * *

98

मैं अजनबी हूँ

मैं अजनबी हूँ,
तटस्थों के मरुस्थल में खोजता,
अपनी जमी।
मैं वो अजनबी हूँ।

मैं बवंडर हूँ,
हवाओं के वेगों को थामे हुए,
निरंतर खड़ा।
दबाव के समुन्दर को छितराते हुए,
जीवन को समर्पित।
मैं बवंडर हूँ।

मैं पथिक हूँ,
न सफर का पता,
न रास्ते का पता,

न मंजिल की उम्मीद,
बस चले जा रहा हूँ।
मैं पथिक हूँ।

मैं भूख हूँ
मेरी क्षुधा में सिर्फ मैं।
मैं भूख हूँ।

* * * * *

99

ये क्या हो रहा है

ये क्या हो रहा है।
मन कुछ ठहर–सा,
सहम–सा,
क्यों हो गया है।

गम क्या, खुशी क्या,
जीत क्या, हार क्या।
जज्बात क्यों,
ठिठक से गये है।

ये क्या हो रहा है,
ये क्यों हो रहा है,
अंदर ही अंदर,
अपना जीवन,

क्यों, उलझ के
सुलग सा गया है।

जीवन का अभ्यास,
तनिक भी रफीक न रहा।
इंसान अपना मगरूर,
संगदिल, मशगूल
आवारा, काफिर,
क्यों हुए जा रहा है।

ये क्या हो रहा है।
अबूझ पहेली,
क्यों,
जीवन हम सब का,
रफ्ता–रफ्ता हुए जा रहा है।

* * * * *

100

हुस्न

हुस्न की चाह,
छुपाये नहीं छुपती।

दिल लगाया है हुस्न से,
धड़कनों को थमने,
का एहसास नहीं होता ।

दिल तो मानता नही, चंद लम्हे ही चाहता है,
हुस्न के,
पर हुस्न है कि,
गानता ही नहीं।

हसीना का हुस्न क्या,
आशिक की आशिकी,
दीवाना का दीवानापन।

और क्या ?
एक लाइलाज रोग।
खड़ा था हुस्न के चौराहे पे,
ले रहा था
गुजरे हुए हुस्न का एहसास।
लगा था रेला हुस्न का,

चाट, गुपचुप के रेले पे।
हुस्न अब बस एहसासों के,
हमसाये में ही रह गया है।
हुस्न अब, गुपचुप,
चुप–चुप खाकर,

भई गुब्बारा हो गया।
वक्त के एहसासों में
हुस्न हुस्न करता फिर रहा हूँ,
बुढ़ौती है,
फिर भी हुस्न को तलाशता फिर रहा हूँ।

* * * * *

101

इश्क तो खेल है

इश्क तो पागल है,
इश्क तो आवारा है,
सुबह, शाम, धूप छाँव,
गम खुशी, सा चलता है।

इश्क की उम्र नहीं,
इश्क कभी तन्हा नहीं,
इश्क कभी आसान नहीं,
मेरी जान, मैं नहीं, तू नहीं, तो इश्क नहीं।

इश्क कमसिन है,
बड़ा संगदिल है।

इश्क तरसता है,
मैं और मेरी जान

लब से लब को।
इश्क बैचेन है, मेरी जान के आलिंगन को।

इश्क की उम्र नहीं,
इश्क जब जवां है, कोई रोधक नहीं।
इश्क जब अधेड़ है, एक पेसोपेश है।
इश्क जब बूढ़ा है, तब ही परवान चढ़ता है।
इश्क पे जोर नहीं, मेरी जान, जब तू नहीं।

* * * * *

102

वो कहते

वो कहते, कुछ हो गया है,
दिल फुस तार हो गया है,
इश्किया बुखार हो गया है।

वो कहते,
रातों–रात, ये क्या हो गया है,
दिल क्यों, बेजार हो गया है।
मैं कहता,
मुझको मेरा प्यार मिल गया,
440 वॉल्ट का इश्किया औजार चल गया।

वो कहते,
कुछ नशा सा हो गया है।
मैखाना का प्रमाचार मिल गया है।

मैं कहता, नूरे दीदार हो गया,
इस मधुशाला से प्यार हो गया है।

वो कहते,
कविता में रूह आ गई है,
मैं कहता,
मेरी अरमान आ गई है।
इस मैखाने की बंद,
वो सुरा की दुकान फिर खुल गई।

* * * * *

103

जमीं पे मैं पड़ा

जमीं पे, मैं पड़ा,
दोस्त मेरे,
कंकड़, पत्थर, रेत।

जमीं से, मैं जुड़ा,
दोस्त मेरे,
पेड, पौधे, खर–पतवार।

जमीं पे, मैं खड़ा,
दोस्त मेरे,
इंसान, हैवान, शैतान।

जमी का साथ,
दोस्त मेरे,
मैं खो पड़ा,

जब से !

लुघड़ना, सरकना, छोड़,

मैं खुद के दो पैरों पे,

हो पड़ा,

मैं खड़ा।

* * * * *

104

अकड़ बकड़

अकड़ बकड़,
मकई का दाना।
इमली तीखी, चुप चुप खाना।

लपड़ झापड़ चले है फुलटुस,
फैंटम फाटी, चप्पल जूता,
खट पट, झटपट सुलटा, ले बेटा।

मास्टर तेरा आता होगा,
दंड का पाठ पढ़ायेगा।

उठक बैठक, मुर्गा, बकरी,
बनाकर बेटा,
अल्फा, बीटा, थीटा, गामा,
सतरंगी तारे दिन में ही दिखायेगा।

* * * * *

105

तेरा, मेरा, इसका, उसका

ये मेरा है,
ये तेरा है,
ये उसका है,
ये इसका है
सब अहम की माथा पच्ची है।

ये कौन,
वो कौन,
तुम कौन,
अनजाने, अनचाहे रस्ते पे,
निकल पड़े है,
मुर्दो की कौम।

इस ओर,
उस ओर,

सब ओर,
काली मैली चादर,
पसर चुका है।

अँधियारी वीरानी बस्ती में,
इंसान अपना हैवान बनकर,
मौत का तांडव, खेल रहा है।

तेरा, मेरा, इसका, उसका,
करते–करते,
अपना इष्ट भी,
टूटकर बँट चुका है।

डोल रहा हूँ
इसके, उसके, तेरे, मेरे,
अहम के गांठो के,
दोराहे–चौराहे पे।

सोच रहा हूँ
तेरा, मेरा, इसका, उसका में,
क्या, कुछ अपना भी है।

* * * * *

106

मकदूम चकदुम

मकदूम चकदुम,
अकड़म पकड़म,
लटकम झटकम,
मकई का दाना।

चूहा बिल्ली,
हाथी घोडा,
गाय, भैंस,
सपने है।

आज तो केवल
दिखेंगे मकदूम,
दिखेंगे चकदुम।

छोटा, बड़ा,
शहर हो कैसा,

मकदूम चकदुम,
है जेब से
ठन–ठन।
लेकिन पैसा,
मिले है इनको, किस्तों में।

मकदूम चकदुम,
सोच को बेच,
बने है राजा,
दो कमरों की पाटों में।

रानी अपनी और सयानी,
ठोर की लाली,
लब–लब रद पद,
लाड़ लगाके,
ठोर सजाके,
लटकम–झटकम,
देख दिखाने,
बनी सयानी।

झुमा झटकी,
पकड़ा पकड़ी,
मकदूम चकदुम,

है पिया लुगाई,
लगे है भाई।

समय की करवट
उल्टी पलटी,
ज्ञानी आज, बना है मूर्ख।
सोच तो सबकी,
मकदूम चकदुम।

सपने में ही रहना भाई,
लटकम झटकम, है एक बीमारी,
फिसले अगर तो,
चालू हो जाये,
खेल ये अपना
अकड़म पकड़म,
लटकम झटकम।

* * * * *

107

मोहब्बत मुझको है पसंद

मोहब्बत को मैं नहीं पसंद,
मोहब्बत मुझको है पसंद।

मोहब्बत है तो बेचैन हूँ,
मोहब्बत नहीं तो,
मैं नम हूँ।

दिल नासाज़ है, मुहब्बत का,
फिर क्यों,
धड़कन हमारी, मोहब्बत, मोहब्बत कह,
बेधड़क, धड़क रहे है।

मोहब्बत से इजहार,
मोहब्बत से इकरार,
मोहब्बत का करार,

कुछ न कर पाया।
सिर्फ,
मैं मोहब्बत में बेकरार हो पाया।

मोहब्बत की भी तो,
किस से की,
आधे रस्ते में ही,
वो मोहब्बत का तिजारत कर,
खाक–ए–सुपुर्द कर,
किसी और के मोहब्बत गुनगुनाते,
यूँ ही, रुखसत हुए जा रहे हैं।

मोहब्बत न तू यू घबरा,
तसव्वुर कर कि, मैं कबूल हूँ
तो मैं बादशाह,
नहीं तो मोहबत्त के कलम का,
मैं एक जलता फकीर हूँ।

* * * * *

108

टाट का पैबन्द–वो बुजुर्ग हूँ मैं

घर पर पड़ा,
पत्थर का मूर्त हूँ मैं,
या
भभकता हुआ दीपक का, लौ हूँ मैं।

कुछ न कहो,
कहे अनकहे,
चाहे अनचाहे,
मैं टाट का पैबन्द–सा लटकता,
वो बुजुर्ग हूँ मैं।

मैं
तो तेरा,
भूला हुआ,
अतीत हूँ
मैं।

मैं तो एक बुजुर्ग हूँ
तेरा आनेवाला,
भविष्य हूँ
मैं।

मैं तो अनुभव था।
मैं तो ज्ञान था।
मैं तो खुली किताब था।
मैं तो धुरी था, परिवार का।
मैं तो मान–सम्मान था।
मैं तो हम का, स्वाभिमान था।

मैं तो अब हूँ
सिकुड़ा, रंगहीन, उद्देश्य विहीन,
लाठी से टिका, अकेला,
खाँसता, खखारता,
एक बुजुर्ग इंसान।

मैं तो तेरा शाम हूँ
मैं तो वर्तमान का अतीत हूँ
मैं तो तलाशता तुझमे अपना भविष्य हूँ।
मैं तो वही टाट के पैबंद का बुजुर्ग हूँ।

* * * * *

109

मामला है इश्क का

बेरुखी, बेहयाई, बदतमीज़ी,
मामला है,
इश्क का, मुश्क का, जिस्म का।

क्या बादशाह, क्या फकीर,
निजाम ऐसा, इश्क का,
गुलाम है सब इश्क का।

बेचैन है, बेताब है, बेकस है,
दोस्त,
डाका है ये इश्क का,
जो यहाँ,
काजी भी गिरफ्तार है,
बेइंतहा इश्क का।

* * * * *

110

लफ्ज़ ये मेरे–पापिष्ठ कौन

लब्ज ये मेरे, आज न ये,
न शरमाते, न लजराते।
तत्पर है,
झटफट, फटफट,
करकस अभिमानी,
ककहरा करने।

लब्ज ये मेरे, आतुर है,
एक का दो, दो का चार, तीन का नौ,
कम ज्यादा, जो भी हो,
ले, दे, के,
पल पल लिखने को,
मनोविकार के नव आधार।

लब्ज ये मेरे, मौन है,
स्वयं की शोभिता, शुचिता के मद में।
क्यों खेल रहे है, आपा,
वैर भाव का।

लफ्ज़ ये मेरे, देख रहे है,
गौण, मूक है, प्रेम ज्ञान का।
सोम, सुरा की धारा बहती,
अमर संस्कार की,
चिता यहाँ,
क्यों पल–पल सजती।

लफ्ज़ ये मेरे, हक्का–बक्का,
कृत्रिम विचार का, इंसान अपना,
मिटा चुका है, त्याग भाव का।
क्यों, भूल गया है, रिश्तों की ये,
मान–मनवल।

लब्ज ये मेरे, मोहताज है,
विश्वासों के अहसासों के,
अमिट संवेगों के अमरत्व,
प्रवाहों के।

लब्ज ये मेरे, कहते है,
और नहीं है,
मैं ही मैं, हूँ।
लब्ज ये मेरे, पूछ रहे है,
स्वयंभू मैं, फिर पापिष्ठ कौन।

* * * * *

111

ठहरे हुए हम यही मिलेंगे

सुबह सवेरे, मन ये इतना चंचल,
कहता है, दिन मेरा चिड़ियों सा,
उड़ने जैसा हो।

देख रहा हूँ, उगती लालिमा,
कि हरियाली में सब झूम रहे हैं।

कुछ पेड़ों पर पतझड़ है, कुछ पे कोंपल,
कुछ सदाबहार हो, बहती पवन संग,
हौले–हौले लहराते–इतराते।

घूम रहा है वक्त,
एक छोटी बगिया है, बैठे वृद्ध,
सुबह सवेरे का मेल–मिलाप,
और दुआ सलाम।

वक्त काटने की है कवायत,
एक समय की बात से होता,
भूत ही इनका वर्तमान होता।
न जाने वर्तमान इनका,
क्यों रूठा होता।

मन ये पूछता, धर्म कोई भी,
अभिवादन, प्राण प्रतिष्ठा,
है, बड़े बुजुर्गों का,
फिर वक्त का चक्कर, ऐसा क्यों।

मन ये सोचता, वक्त ये अपना
बदल गया है, इतना क्यों।

मन ही मन, थोड़ा ठहरा, ठिठका,
नफा नुकसान का किया हिसाब।
अंध दौड़ में कुछ पाने की चाहत में,
किया अवहेलना कर्म, कर्तव्य, ज्ञान का।

जब लगे हुए थे अहम के छद्म जयकार को,
फिर वक्त तो ऐसा आना ही था।

मैं कौन, सोच, रहा हूँ ऐसा क्यों,
बदल गया हूँ मैं भी कितना।

मैंने इनसे अपना स्वार्थ निचोड़ा,
और बस छोड़ दिया।

मन मेरा कहता, वक्त की चाल है,
बदला मौसम, लोग आते–जाते।
भान है सबको, ज्ञान है सबको,
फिर कौन ठहरता, धैर्य है किसको।

मन मेरा कहता,
तू क्यों ठिठके, ये फल है तेरा।
जा तू भी, हवा के झोंके संग कोसो फिर,
तेरे वक्त जो आएगा,
ठहरे हुए हम यही मिलेंगे।

* * * * *

112

टूटे टूटे, दिल ये टूटे

टूटा पत्ता, टूटा टहनी,
टूटा पेड़, टूटा आसमान,
टूटा टूटा, है, टूटहा मंजर।
टूटे टूटे, दिल ये टूटे।

टूटे लम्हें की सदायी,
टूटी यादो की तन्हाई,
टूटे टूटे, दिल ये टूटे।

टूटे तारों की रोशनी में,
टूटा दिल, वो अपना,
टूटा अंजुमन, ढूंढता है।
टूटे टूटे, दिल ये टूटे।

टूटे रिश्तो में, झूठे अफसाने है,
टूटे संसार में, अपने सारे, आज बेगाने है।
टूटे टूटे, दिल ये टूटे।

टूटे धागों से जुड़ा,
टूटा ये, जो अपना बंधन।
टूटा मैं हूँ, यहाँ, गिरता मैं हूँ, यहाँ।
टूटे किस्से, जो मैं, गाता हूँ, अब सदा।
टूटे टूटे, दिल ये टूटे।

* * * * *

113

भगवन कितना क्रंदन करता

भगवन कितना परेशान होगा,
मन ही मन, इंसान देख,
कंद्रन करता।

सृष्टि की रचना की मद में, भूल गया,
भगवन अपना, साधुवाद की अमृतवाणी।

रचते–रचते, इतने इंसान, शिथिल हो गया,
भगवन अपना।
मंद पड़ गयी, इसकी शिल्पशाला।

कीट, कीटाणु, खग या खर,
परिस्थिति परिवेश में पलते–बढ़ते।
मिलजुल कर ये ताल तन्मयता से,
धरती को धुरी धरा पे चलने देते।

क्या सोचा था, नर–नारी रचकर,
सहज सुगमता की, अलख जगेगी।

मन ही मन क्या सोच रहा है,
कर्म किया है,
तो,
भोग तू भगवन।

इतने मानव, कितने मस्तिष्क,
असंख्य सृजनशीलता, कब तक,
तू, सहन करेगा।

कहीं लूट–खसोट, कहीं झूठपाट,
कहीं ऊंच नीच, कहीं भेद भाव।
राजनीति की इन दोधारी पाटों को,
कौन रीत से विध्वंस करेगा।

समझ रहा हूँ, पीड़ा तेरी।
इंसान तेरा, सर्वेसर्वा,
अहम के, छद्म में, लील रहा है,
तेरी, पुण्य प्रताप की मायाजाल।

भगवन कितना निशब्द है,
इंसान इसका आज हैवान है।

* * * * *

114

दो पैर, दो हाँथ, दो आंख तीक्ष्ण इंसान

युद्ध का अभिषेक,
मस्तिष्क में आवेग,
बाजुओं में है वेग, लेकर चल पड़ा
ध्वंस विध्वंस की चाह में,
दो पैर, दो हाथ, दो आंख, तीक्ष्ण बुद्धि का या मानव परिवेश।

खंड खंड में बाँट दिया अक्षांश–देशान्तर।
दो पैर दो हाथ तीक्ष्ण बुद्धि ने चीर का रख दिया,
धरातल की सतत गति।

युद्ध की मनोभाव, में,
बह रहा है राजनीति की दशा।
कौन रोके इस दहशत को,
इंसान, अपना कहीं सो गया है।

क्षेत्र–क्षेत्र सूचना, भोंपू से कर रही उद्घोष,
जयकार ले रही विध्वंस।
सत्ता लोलुपता की, कर रही सर्वनाश।

मौत तो मौत है, अपना या तेरा,
इसका या उसका।
मौत तो मौत है।

अधीरता, कुटिलता बह रहा लहू में,
तंज करती मानवता, युग युग में खोई हर सभ्यता,
विध्वंस की इस खोज में।

युद्ध का अभिषेक कर,
मैंने तो नहीं कहा,
बोलता है इंसान, यहाँ, वहाँ, जहाँ, तहाँ।
फिर कौन है, ढूंढो जरा, चाह किसे है विध्वंस का।

पूछता है अमन,
क्यों, इंसान अपने इंसान,
से डरा हुआ।

स्वार्थ, लालच, उत्पाद का उपभोग की मीमांसा में,
क्यों बंटा वर्ग, फीट, खंड खंड में, मैं,
दो पैर, दो हाँथ, दो आंख तीक्ष्ण इंसान, मैं।

उतर चल, निकल चल, शांति की चाह में,
खोज तू, मैं कौन, अस्तित्व क्या।

इंसानियत हूँ, इन्तज़ार है अशोक का,
चल पड़ा, गिर पड़ा, थक पड़ा, रुका नहीं, बस चल पड़ा।

* * * * *

115

सुनो मत, देखो मत, चुप रहो

भूख, गरीबी, शोषण,
बिकता नहीं,
शून्य समाज में ज्वलंत विषय,
दिखता नहीं।

तड़पता, बिलखता,
जमीं पे पड़ा,
इंसान है या जानवर,
कोई समझता नहीं।

मौसम, चाहे सर्द हो या गर्म,
तपिश या कपकंपी,
नंगे पैर, फटेहाल, कौन।
सोच ही हवा है।

मजा है, कुछ का, इन्हें,
गर्म–सर्द का फर्क है कहाँ।

दौड़ता है बैठा इंसान गाड़ियों में,
आबोहवा, इसे कहा दिखती।

रोता हुआ इंसान, सर्वत्र है।

हरे टाट के पीछे छिपा,
वक्त से परे ढकेलता,
सियासत है कैसी।
सदियां बीती, सियासत न गई।

वसूला महसूल परिवर्तन को,
आशियाना, अस्पताल, रोजी रोटी को ।
रहे वहीं के वहीं,
कर रहे गुलामी,
कल थे सामंत, आज है पूंजीपति।

कैसा लाइलाज मर्ज है,
कोख से जन्मा सिर्फ अपना, परे सब पराये।
सोच है इंसान है या जानवर,
सोच है ये कैसा।

बोलता जो इंसान, उसे कोई सुनता नही।
सुनो मत, देखो मत, चुप रहो।
न जागने की कसम खाई तो क्या कर लेगा कोई।

चकाचौंध, ही बिकता यहाँ, बाकि सब गौण।

* * * * *

116

भूखे है, नंगे हैं, मरते हैं, चिल्लाते हैं"

बैठे हुए लिखते है, किस्मत,

चंद मेहरबान।

गिरते हुए उठाने को बैठे है,

चन्द मेहरबान।

पढ़ा आज,

किसानों की जमी होती है बंजर।

भूखे है, नंगे हैं, मरते हैं, चिल्लाते हैं,

फिर भी,

बैठे है कुछ, भद्र,

लिखने को किस्मत,

सूली पे लटके,

इन इंसानो की किस्मत।

देश है अपना,

लोग है अपने,

सियासत है उनकी,
दुखिया है कौन, मरता है कौन,
सब है गौण।

पूंजी ही बोलती,
पूंजी ही दौड़ती,
पूंजी के सामने,
सारी नीति है मौन।

लिखते है कुछ,
प्यार, मोहब्बत,
हारे हुए, तराने अफसाने के।
सिमटी, है, तमन्ना,
बस महबूबा की।

खोये है कुछ,
सामानों की दुकानों की,
रौनक बढ़ाने।
जनता भी ऐसी,
भद्र भी ऐसे, युवा भी ऐसे,
फिर,
जुआ कौन खेले,
ब्यार बदलाव की,
भई हो कैसे।

लिखता हूँ मैं, डरता हूँ मैं,
सहमता हूँ मैं।

घबराता है मन,
रहने को संग,
सियासत की मस्ती में खोये हुए,
शमशानों की बस्ती में।

चलो हम तुम कुछ करते है,
पूंजी–सियासत की गठजोड़ को,
मिलकर बदलते हैं।
चलो हम तुम कुछ करते है।

* * * * *

117

अस्थिर मन

अस्थिर मन,
स्थिर होने की अभिलाषा में,
खोज रहा है,
भोर के उजियाले को।

त्याग क्या तेरा,
चाह तो तेरी,
शापित करता।
नागिन बनकर, मेरे इस जीवन को,
पल–पल डंसता।

उजला मन मेरा,
श्यामल तन मेरा,
कुचक्र व्यूह की,
चक्र में फंसकर,
पल पल, तिल तिल, जीवन लीलता।

स्थिर मन का,
प्रण था, प्रण है,
नहीं प्राण प्रतिष्ठा, तेरा
इस जीवन करना।
उद्देलित, ये अस्थिर मन,
न जाने,
फिर क्यों, मेरी बात न सुनता।

टूटा दर्पण,
बिखरा सिंदूर,
फैला काजल,
छन–छन पायल,
बिसरी यादों को,
अस्थिर करके,
काले अंधियारे की, चादर क्यों ओढ़े।

पाप तो इस मन,
का धुल सा गया है,
ज्योति जीवन की,
बुझ सी गयी है।
कटुता दिल की, आज तो निश्छल।
लज्जा तेरी,
क्यों,
अब तक निर्लज्ज है।

* * * * *

118

शोर है–शोर है

शोर है शहर में,
शोर है गाँव में।

शोर की दरकार है,
मुहुर्त है चुनाव का,
हिसाब का किताब का,
अपनों से अपनों की,
वादाखिलाफी का।

शोर में आत्मविभोर है,
गर्व से कहते है,
पर्व है,
ये तो प्रजातंत्र है।

शोर में उड़ते हुए,
धूल फाँकती,
हर उम्र यहाँ।

बच्चा भी समझता है,
जुमला है।
मामला तो स्वार्थ का है,
राज का है,
प्रजातंत्र तो, नाममात्र का है।

शोर के इस दौर में,
बड़ा, मंझला, सँझला, कन्झला,
नेताओं की चौकड़ी,
लोमड़ी सी बन धूर्त,
धकियाने को, है केंद्रित।

शोर के इस दंगल में,
सब है निर्लज्ज।
लुटता है, बिकता है,
खुद ही उतारता है,
अस्मिता स्वयं का, ये निर्लज्ज।

शोर तो तंत्र का है,
विकास के मंत्र का है।

न जाने क्यों फिर,
आज इनकी,

जिह्वा तो निर्लज्ज है, कपटी है।
स्वयम के शोर में ही,
स्वाहा को झपटी है।

* * * * *

119

मैं वफा हूँ बेवफा का

मैं वफा हूँ बेवफा का,
गमजदा हूँ बेवफा से,
खफा हूँ खुद मैं, वफा क्योंकि, बेवफा से।

काफिर हो गया हूँ
मैं,
बेवफा की दिलफरोशी से।

हाल ए दिल,
खुद की बयाँ कर रहा हूँ
इंतहा इस सदा, की, जुबाँ कर रहा हूँ।

बेवफा की मंजर में, चमन ये गुलसिता की,
दगा ऐसा जालिम ने मुझको,
कयामत के जलवे से, जिंदा ही,
रूबरू करा दिया।

जख्म उस बेवफा की, दिल में छिपाये हुए,
फिर रहा हूँ मैं, दर–बदर, ठोकर खाता।

फरेबी से इकरार, इजहार, न जो की होती,
गुलिस्तां अभी मेरा रंगीन होता,
वफा मेरा न यूँ, संगीन होता।

तलाशता हूँ मैं, बेवफा का ठिकाना,
संजोये हुए, बेवफा का, वो मंजर।
करारे वफा है,
बेकरार, लिए हाथ में,
वफा का ये खंजर।

लहू वफा का जम सा गया है,
तमन्ना दिल की मर सी गयी है,
न चाहत है तेरी, बस बेचैनी है, बस बेचैनी है।

आफताब ये तेरा, जो साथ है,
कर्ज बेवफा का, ये रोके हुए है।
नहीं तो उस मंजर ही, कर्ज अदा कर देता।
बेवफा की ये जलन, दिल में रिसते हुए,
शहर दर शहर, न यूँ ही, कराहता फिरता, कराहता फिरता।

* * * * *

120

ये जमीं है अपने हिंदोस्तान की

बसते है, फरिश्ते हर डाल पर,
कहते है हम इसे हिंदोस्तान।

मौसम है, जहाँ खुशनुमा,
आबोहवा है, यहाँ हर ओर जंवा, ये जमीं है अपनी हिंदोस्तान की।

हर रात यहाँ रोशनी, कातिल यहाँ कोई नहीं,
सैयाद भी गाते जहां, प्यार के नगमें सदा।
कहते है दुनिया में, अगर कोई जन्नत है कही,
वो जमीं कोई और नहीं, वो हिन्दोस्तान है।

बहती है गंगा चतुरार्थ की,
खेतों में है फसल पुरुषार्थ की।
क्या आदमी क्या जानवर,
मिलजुलकर हर जीव जहाँ,
संबल देता अनेकों अनुष्ठान की, ये जमीं है अपनी हिंदोस्तान की।

वक्त की जहाँ पहचान है,
संसार की हर जीव का जहाँ सम्मान है, वो हिंदोस्तान है।

हर शख्स यहाँ शहंशाह है,
हर गुलिस्तां यहाँ गुलजार है,
हर पर्व है यहाँ उल्लास का,
हर पैगाम है यहाँ अमन का, ये जमी है अपनी हिंदोस्तान की।

* * * * *

121

शांति के नवसंचार को

सोच अपनी निःशब्द है, नीति भी स्तब्ध है।
समाज में बचा कौन, व्यग्र है सभी यहाँ,
विकास की इस राह में, सर्वत्र भस्मासुर यहाँ।

जवलन्त विषय खामोश है, दुराचार का संचार है।
पतन है व्यक्ति का, समाज का, नैतिक मूल्य का।
निज स्वार्थ में खोये आपा सब,
सोचे कौन, सब है गौण।

वर्तमान अपना शून्य है,
समाज भी पूर्णरूपेण मूर्धन्य है।

हम कौन,
रुग्ण है, निष्प्राण है, एक अभिशाप है।
इस समाज के जीवंत, कोढ़ के प्रतिबिम्ब है।

विषय, प्रासंगिकता, अन्वेषण का, पता नहीं,
युद्ध का अभिषेक कर, बस लड़ पड़े है।

चारों ओर हाहाकार है, विध्वंस की चीत्कार है।
क्या सोच कर, प्रतिकार कर,
सृष्टि का तिरस्कार कर, क्यों चल पड़े है,
अधीर बन, सर्वविनाश को।

विराम क्यों है, ठहराव क्यों है, यशस्वी हो,
निकल पड़ो, उत्थान की राह पर।

नवयुग का सूत्रपात्र कर, युगपुरुष बन,
बस चल पड़ो शांति के नवसंचार को।

* * * * *

122

भूखी जिंदगी

अर्थ की प्रार्थना है, अनर्थ का प्रसाद है,
जिंदगी अपनी तो, एक जीवंत अवसाद है।

गरीबी, लाचारी, हकीकत की ये बेचारगी,
कौन जिन्दा?
यहाँ सब मरे पड़े, इस मुफलिस बेचारगी के मियाद में।

हाथ पे हाथ धरे बैठे है, काम की तलाश है,
दिन में चाँद तारे देखते, राते बीते, भूखे पेट।

मजबूरी, मुफलिस, मुमकिन नहीं ये जिंदगी है।
खुदा भी बंद आंख, बंद कान कर,
न बताये, ये बंदिगी, ये आवारगी, क्यों कुछ ही करते।

करने की तमन्ना है, इरादा है, दिल नेक है,
यकीन किसको, मिलती है सजा दौड़ने की,
हर भूख को, और भूख से।

आज तो कोख चिपका गुजरता, कल तो निश्चित ही मरता।
शर्मिंदिगी भूल कर, वो दौड़ती भूख की इस होड़ में।

बहुत है ज्यादा, बहुत है कम, सारे सपने है पराये।
समाज की ये निर्देशिका, बनाये क्यों?
इस भ्रम में हर वक्त, अवसान है, जिंदगी, भूखी बेदम।

दौर ये शोर का है, सुन रहा खुदा भी नहीं,
बिक गई है शोखियां जिंदगी की, पूंजी के बाजार में।

अठखेलियां ले रही है, सड़क पे, हाथ फैलाये,
भूखी जिंदगी मर रही, पूंजी तंत्र के गठजोड़ के, इस दौर में।

* * * * *

123

इंसान ये तेरा इतना, दिलचला है

ढनढन घर में,
टाट का पैबंद है।
ढ़कने को तन है,
अर्थ के अभाव में,
ठंडी गर्मी, बारिश,
लिपलिपाते ही, नंगे बदन है।

मजमून इतने तंगी में,
कैसे इस अंजुमन में,
इंसान ये तेरा इतना,
निहायत ही सभ्य है।

घर है, घर के बाहर, एक गली है,
टिप–टिप सी बारिश में,
खोजे है गली है या गड्ढा है।

ऐसे आशियाने में,
कालिख में रहते भी,
कीचड़ के छीटों से, बचते बचाते,
ख्वाबों का कारवाँ उड़ाते,
इंसान ये तेरा, पत्थर सा अविचल है।

मच्छर है, मक्खी है,
कीड़े है, मकोड़े है,
धोखे है, मक्कारी है।
सियासत की पिचकारी से,
इंसान, तेरे इस लश्कर को ही, नुकसान है।

लेकिन, किन्तु, परंतु, या और भी उपमा है,
इस बर्र में भिनभिनाते,
हड़्ड़ो का सितमगर काफिला है।
डगमग इस डगर पे, निश्चित,
कुदरत की खुदाई का ही, ये जलवा है,
जो कि पल पल के बलवे में भी,
इंसान ये तेरा इतना, दिलचला है।

* * * * *

124

चाहता है ये मन

बढ़ते हुए, थमते कदम,
पूछते है, तेरी मंजिल कौन।

चलते हुए, इन रस्तों पे,
थमते कदम,
पूछते है, तेरे साथ है कौन।

अनजाने डगर पे, आजिज ये कदम,
ताज्जुब करते,
पीड़ा है, व्यथा है, यंत्रणा है,
फिर क्यों हमे,
जीना यहाँ है, चलना यहाँ है।

सोचता है मन, लड़खड़ाते कदम,
जाते किधर, हर ओर यहाँ है,
इंसान का कुफ्र।

अचंभित है ये कदम,
द्रवित हो चीत्कारते, इबादत कहां है।

भ्रमित ये कदम, खोया यहाँ है,
पूछता क्यों ये,
इंतकाम यहाँ है, लहू के प्यासे,
ये सैलाब यहाँ है।

बोझिल कदम, पूछते है मुझसे,
इंतजार किसका, मुकाम कहाँ है,
दिल में आग लेकर, जाना कहाँ है।

धीरे से सहमा हुआ मन, कहता है,
ये जहाँ है मेरी, थामना है मुझे,
ये गिरते इंसान के कदम।

चाहता है ये मन,
आओ बढ़ाये, हम मिलकर कदम।
पयाम प्यार का, दास्ताँ ऐतबार का,
एक होकर, फिर लिखते है हम।

* * * * *

125

क्या यही जीवन का मोक्ष ज्ञान था

खुली लाल किताब के पन्नो में,
फंसा था मैं, शब्दों के भंवरजाल में।
कुछ ऐसा करता तो ये होता,
कुछ वैसा करता तो वो होता।

अबूझ पहेली थी मन की ये,
कुछ न करता तो सच में ही,
कुछ अच्छा ही होता।

कितने रस्ते थे,
हम सब साथ थे,
थोड़े अनजाने, थोड़े बेगाने और
शेष हम जैसे दीवाने।

बस चाहत थी,
नभ में तारों संग टिम–टिम की।

आज क्या है,
भूल चुके जीना क्या मरना क्या,
चाह है एकरूप, अनजाने को दफनाने की।

इस व्यूह में फंसकर,
क्या हासिल,
मौत की टीलों की, अदम्य बादशाहत की।
हँसता हूँ मै,
दीवाना था, परवाना था,
हश्र है क्या,
निरवता तन मन धन का।

आते वक्त बंद थी मुट्ठी, कहते सब,
नाजुक है, सच्चा है, ये तो बच्चा है, अज्ञानी है।
फिर क्यों ऐसा था,
जाते वक्त भी बंद थी, मुट्ठी।

सत्य–असत्य विभ्रम है,
विजय की पराकाष्ठा में,
मस्तय पड़ा है, जीवन का ये,
मोक्ष ज्ञान।

* * * * *

126

या सिर्फ, एक इंसान की

ढन ढन थाप की आवाज है,
अभिलाषा है, आशा है, महत्वकांक्षा है,
हे मानव, तेरे पतन का ये शंखनाद है।

खोखले ढँढ़नाते फटे ताल की पदचाप है,
मौन बधिर अधीर मस्तिष्क का अविश्वास है,
धधक रही है दावानल, बुझ रही लौ जीवन की।

रुकेगा नहीं, क्रिया प्रतिक्रिया का ये खेल,
ये विध्वंस मस्तिष्क का छदम तरुण प्रहार है,
लीलने को मुँह खोले खड़ा है, इंसान को।

होश कहा, जोश कहा, मदमस्त तल्लीन है,
मिथ्या प्रसार को, मानते है कौन, खोया मैं भी।

सीमित है, मर्यादा है, संस्कृति है,
कदाचित उपेछा नहीं है ढन ढन थाप की।

उदगार की अपेक्षा है, प्रतिक्षा है जयकार की,
उद्घोष की, अमरत्व की, सोपान की,
या सिर्फ, एक इंसान की।

* * * * *

127

वो, एक पगली थी

एक पल हँसती,
एक पल रोती,
एक पल गाती,
वो, एक पगली थी।

पल–पल जीती,
पल–पल मरती,
राग रंगो की कूचे,
नये आयामों में, स्फूर्त उकेरती,
वो, एक पगली थी।

रोष कहा था,
हँसी जवाँ थी,
खुली फिज़ा थी,
पल पल उसका सत्य से नाता,

ये जग उसको, कभी न भाया।
वो, एक पगली थी।

सोच कहा था,
आगे–कौन, पीछे–कौन,
अपना कौन, पराया कौन,
वो, एक पगली थी।

वो जुदा थी,
वो पाकिजा थी,
जुबां पे उसके दिल बसता है,
रहबर उसका स्वयं खुदा है,
वो तो एक पगली थी।

क्या सोच रहे हो,
भ्रम विभ्रम की जाल में फंसकर,
मान–मर्यादा की मृगतृष्णा में,
पल–पल मरकर, पल–पल जीकर,
क्या पाया है, क्या खोया है।
फिर क्यों हम–तुम,
क्यों उपहासते, गाहे–बगाहे,
क्यों कहते फिरते,
वो, एक पगली थी।

* * * * *

128

फकत मैं तो

हसरते इतनी थी खुद से,
सितारों में इस जहाँ की जुस्तजू भी,
न की थी।
तसव्वुर इतना ही था,
जमीं से जमीं को जोड़कर,
एतबार का पैगाम इस जहाँ में इकबाल कर दे।

नाराजगी खुद से इतनी है कि,
इस कलम को खुदीं से,
कुर्बान करने बैठे है।

गुजारिश है,
न समझना, कोई
गुमनाम गुमगश्ता हूँ।
फकत मैं तो,
फलक से जमीं पे गिरा हुआ,
इंसानो की बेगैरत हूँ।

* * * * *

129

ये जिंदगी है, सिर्फ मेरी

ये जिंदगी है मेरी,
है बड़ी अजीब है।
सबको ये अजीज है,
है मुरीद इसके सब।

न पता क्या खता,
मुझसे ही, दुखी है क्यों।
इत्तफाक है ये नहीं,
जा रही है, ये दूर क्यों।

ये जिंदगी है मेरी,
है बड़ी अजीब है।

अभी–अभी ये जिंदगी,
आईना दिखा गई है मुझे।

कह रही जिंदगी में,
क्यों की, बेवफा से वफा।
ले भुगत, अब सदा।

खोजता फिरेगा दरबदर,
जिंदगी में जिंदगी को तू।
नहीं मिलेगा चैन, अब,
भगत बना जो यहाँ,
नासाज है वो, जिंदगी तेरी।

ये जिंदगी, है मेरी,
है बड़ी, अजीब है।

कह रही, मै क्यों रुकूं, मै क्यों सुनुं।

मेरे सवाल का मैं जवाब,
मेरी ही मात, तेरी है शह।
मेरे साथ, मैं ही खड़ा,
देनेवाला जब कोई नहीं,
लेनेवाले सब यहाँ,
फिर क्यों मरूं, मै जिऊं।
ये जिंदगी है, सिर्फ मेरी।

ये जिंदगी बड़ी अजीब है,
कह रही चीत्कार कर।

रूह भी तेरी, जा चुकी।
इंतजार किसका अब।
मेरा रहनुमा, कोई नहीं
फिर क्यों रुकूं मैं क्यों सुनु,
ये जिंदगी है, मेरी।

मेरा रहनुमा, मैं खुद बनुं,
मेरी मान, है जब नहीं।
देनेवाला जब कोई नहीं,
लेनेवाले सब यहाँ,
फिर क्यों मैं मरूं,
ये जिंदगी है, सिर्फ मेरी।

* * * * *

130

बढ़ चलो, तुम छूने को नई ऊंचाईयाँ

असीम कौन,
विशाल कौन,
संकुचित ह्दय इंसान का,
कर रहा, सब है गौण।
राजा कौन, प्रजा कौन,
सर्वत्र राज्य संहार का।
चीत्कार है, विभीत्स ये,
फिर भी खड़ा,
सत्य ये मौन,
हो यहाँ।

कष्ट है, रोष है,
उद्‌गार भी सुप्त हो,
सुलगा रही, धरा को,
मनुष्य के विध्वंस को।

कर्म कर्तव्य है, गर्त में,
सभ्य समाज की,
परिकल्पना,
खो गई है, कहाँ।
अग्र, अधीर हो,
क्यों चल पड़े,
कल्प रहे, सब यहाँ।

वक्त की कटाक्ष है,
संस्कार, सभ्यता भी लुप्त है।
दरिद्र हो विचार से,
ललकारते, चिंघाड़ते,
बढ़े चले है विनाश को।

तलाशते भटक रहे,
भ्रम में, सोच ले,
चाणक्य है, चन्द्रगुप्त है।
हम यहाँ, तो जग यहाँ,
हमसे ही सृष्टि का उद्धार है।

वक्त है जाग उठो, बस पाने को नई बुलंदियाँ।

* * * * *

131

पूर्ववर्त हो चले, जा रहा हूँ

मैं क्यों एक बार फिर से,
सिकुड़–सा गया,
बिखर–सा गया,
कुछ सहम–सा गया।

मैं क्यों, एक बार फिर से,
इंसान सा, हो गया।

ये रस्ते, चले थे कहा,
बुलंदी से, सिफर कर,
जमीं पे, पटक कर,
खुदी से, बिफर कर,
इधर से उधर कर,
एक बार फिर से,

ये रस्ते क्यों,
इंसान सा बना कर, लुप्त सा हो गया है ।

मैं एक बार फिर से,
आज चौराहे पे,
वो भाव–अभाव की,
चौहदी क्यों नापता।

अपढ़ नहीं ये, भविष्य है मेरा,
याचक बना, भिक्षुक सा खड़ा,
पूर्ववर्त हो, दहन कर,
मै क्यों एक बार फिर से,
इंसान सा बन, डगमग बढ़े, जा रहा हूँ।

* * * * *

132

दिल यूं ही आवारा

दिल यूं ही आवारा,
सोच के तुझको, हो जाता है।

दिल यूं ही परवाना,
देख के तुझको, हो जाता है।

दिल यूं ही पागल न था,
हुस्न जो तेरा, रफ्ता–रफ्ता, घायल कर जाता है।

दिल यूं ही मेरा डरता है,
अश्कों की गलियों का, आशिक न बन बैठूं।

दिल यूं ही न दिल होता,
न मेरा, न तेरा,
ये फसाना, यूं ही न होता।

दिल यूं ही करता, तेरा इंतजार,
चाहत में, मैं हूँ,
तेरे या नहीं, सब्ज नहीं।
ये लब्ज, ये धड़कन, यूं ही करता,
तेरा ही, हर लम्हा इख्तियार।

दिल यूं ही मेरा, मेरा है,
हर हुस्न का कायल, दिल मेरा है।

* * * * *

133

इक बार इक इक करके

इक बार ये दिल,
इक दिल के सौदे में,
इक बार फिर यूं ही,
इक प्यार का, परवाना बन जाये।

इक खुशी की तमन्ना,
इक आगोश हो तेरा,
इक दिन तुम हम, मिले फिर,
इक अनजान रस्ते पे।
इक मुसाफिर बन, हम तुम,
इक बार चले फिर, बिसरे हुए उस रास्ते पर।

इक दिन खुदा भी,
इक बार बिलखेगा,

इक इंसान की, सदा की,
इक इंतहा कि हद, क्यों की मैंने।

इक दिन तुम भी,
इक बार आकर,
इक मेरे कब्र पे,
इक आँसू की बूंद, गिरा के रुखसत जो होंगे।
इक इत्मीनान, इस दिल के,
इक सूखे मंजर को, फिर से जवां कर देगा।
इक बार हम तुम, तसव्वुर करते,
इक इक करके, बस एक हमदम हो जाये।

* * * * *

134

मै हूँ झूठा

सौ सच तेरा,
एक झूठ मेरा,
यकीं कर गये, आज सब।

रिश्तों की गालियां या,
सियासत के चौराहे।
यहाँ हर तरफ उड़ता है,
झूठ के रंगीन, संगीन, तंगदिल, गुब्बारे।

मै ही हूँ झूठा,
भ्रम था, ये मेरा।
जीवन के इस खेल में,
हर ओर दिखते है मजमे, झूठे फसानों के।

कौन है सच्चा,
कौन है झूठा, कैसे बताऊँ।

यकीं मुझको ही,
खुद पे न हो जब,
मै ही हूँ, सबसे बड़ा झूठा।

* * * * *

135

बढ़े चले हम

हारने की खुशी,
जीतने का गम
लिए,
बढ़े चले हम।

फक्र न गुमान है,
दर्द नहीं खुशी नहीं,
अनुराग न विराग है,
ख्याल सब उड़ा,
बढ़े चले हम।
कोई नहीं,
है, साथ कौन,
बढ़े चले, हम।
रास्ता पता नहीं,

मंजिल दिखी, नहीं,
सोच अभी मरी नहीं,
बढ़ें चले, हम।

थमे हुए इस वक्त में,
इंकलाब क्या, इंतेकाम क्या,
इल्म, सब भूल कर,
बढ़े चले, हम।

कहकशां यथार्थ का,
मिटा दिया, बुझा दिया,
खड़े है हम, झुके नहीं,
बस इंतजार, है वक्त का,
तभी तो हम, हर शिकन भुला, बढ़े चले, बढ़े चले।

* * * * *

136

इक तू, इक मैं

इक तू, इक मैं,
और प्यार वफा की,
सोंधी–सोंधी सी,
तू तू मय,
जीने का अरमान है,
ये अपना।

इक मेरा झूठ,
इक तेरा सच,
रुके हुए लम्हों में,
जीने का ईमान है,
ये अपना।

इक तेरी जीत,
इक मेरी हार,

बिसरे हुए जज्बों में,
जीने का, इक करार है,
ये अपना।

इक दिन,
एक मैं, एक तू,
मिलकर, थमे हुए लम्हों को झकझोरे,
और पूछे,
इस दिल फरेबी दुनिया में,
जीने का फरेब है, क्या।

इक मैं झूठा,
इक में हारा,
जो इक मैं ही सच्चा।
फिर इक वक्त के भंवर में,
जीने का, क्यों न मिला, तेरा मेरा सहारा।

* * * * *

137

छोड़कर मैं

छोड़कर,
मैं,
लौट आया हूँ,
फिर एक बार।

छोड़कर,
वो ऐंठन,
वो भाव–अभाव का रोष,
लौट आया हूँ
मैं,
जीने को, फिर एक बार।

छोड़कर,
वो मनोरोग की धारा,
वो द्वेष–विद्वेष का चिंतन,

लौट आया हूँ

मैं,

बहनें को, फिर एक बार।

छोड़कर तुम,

ठूँठा सा, वो घोंसला,

उड़ जो चले।

लौट आया हूँ

मैं,

सींचने को, वो पेड़,

फिर एक बार।

* * * * *

138

गर मैं पागल होता!

गर मैं पागल होता!
तो क्या होता।

ये दिन होता, ये रात होती,
ये चाँद होता, ये दुनिया होती,
न तू होती, न मैं होता,
बस, तन्हा, ये वक्त होता।

गर मैं, पागल होता!
न दुख होता,
न सुख होता,
न, मैं यूं गाता,
न सब हँसते,
न मैं यूँ रोता,
न तुम होते और न ये एहसास होते।

गर मैं पागल होता!

तो, इक उन्माद होता,

इक आग होती,

इक झुलसन होती,

और, सिर्फ तेरे हुस्न का मरहम होता।

गर मैं पागल होता,

तो,

इक दीवाना होता,

इक परवाना होता,

इक मैं होता और मेरा खुदा होता।

* * * * *

139

मजे ले रही है ये जिंदगी

मजे में,
मजे से,
मजे ले रही है ये जिंदगी।

सोई हुई,
खोई हुई,
सुप्त–सी, ये जिंदगी,
तलाश में, इक आस में,
चल पड़ी, ये जिंदगी।

बूंद है,
नीर है,
प्यास है,
क्या कहूं, इक तड़प,
उस शबाब की,
सुराख कर, रगड़ गई, ये जिंदगी।

होश है,

आज कहां,

मिल गई, जो नई शमा,

फिर चल पड़ी, रुकी हुई,

मेरी–तेरी ये जिन्दगी।

* * * * *

140

आज कल खुला आसमान भी बंद दिखता

आज कल खुला आसमान भी बंद दिखता है,
आज कल ऊँचा आसमान भी छोटा दिखता है,
आज कल सच्चा इंसान भी कम दिखता है।
ये संसार का कैसा गतिरोध है,
क्यों हर ओर यहाँ, हम–तुम जैसा सर्वत्र संकुचित इंसान दिखता है।

विकास का ये अभिप्राय क्यों,
गाड़ी, घोड़ा, ऐशो, आराम।
संसार का ये भेदभाव क्यों,
ऊंच–नीच, धर्म–अधर्म क्यों।

इंसान है जब सभी यहाँ,
धरती है, फिर क्यों बंटी यहाँ।
नीति, राजनीति के झूठे अभिमान से
पटी पड़ी क्यों, ये जमीं यहाँ।

इंसानों के छदम चाल से,
पराभूत के मिथ्या होड़ में,
गति अवरोध है प्रेम भाव का।
सृजनता का सर्व नाश कर,
वक्त है क्यों, ये निर्भीक जयकार का, विभीत्स चीत्कार का।

* * * * *

141

असफलता, सफल होने की

संभावना दिखती है, सफल होने की,
हाथ आती है असफलता, सफल होने की।

बयां क्या–क्या करू, हारे दिल की दास्तान,
खोटे किस्मत की सदाये या खुद से की खुदखुशी।

अपार संभावना की रेखायें गढ़ी थी, उमंगो के साथ,
दिन हो या रात, हर पल में नयापन, नवसंचार था।

बताया था सबने, खुला आसमान है, बेखौफ उड़ो,
फिक्र काहे का, गाहे बगाहे, आप अच्छे तो सब अच्छे।

सब एक है, सब बराबर है, सब अपने कोई न पराये,
मनन कर, अनजाने रास्तों में चल पड़ा मैं, सफलता ढूंढने।

दूर निकल पड़ा मैं, बांटा सब कुछ,
सम्मान की सबकी, प्यार की सबसे,
आज खड़ा देखता हूँ, खो गया है अपना सबकुछ।

देख रहा हूँ, हल्का हो गया मैं,
लोगबाग मजे ले रहे, कह रहे अपना है,
अपनी मनमर्जी है, चलेगी अपनी, डर काहे का।

हर तरफ एक एहसास है।
इस भूलभुलैया में छल है, छलावा है।
मौकापरस्ती है, मान है, धन और खुदगर्जी का।

आज चौराहे पे खड़ा, रास्ते तलाशते सोच रहा,
न अपना कोई आंगन है, न घर, न रिश्ता, फिर भी,
हर असफलताओं के बीच संभावनाओं की खोज में,
क्यों अग्रसर मैं, क्यों अग्रसर मैं ?

* * * * *

142

एक लड़के का, एक लड़की के मकड़ जाल का

एक लड़का था,
एक लड़की थी,
एक ऊँगली थी,
एक अंगूठी थी,
और इनका, एक अफसाना था।

बावला था लड़का,
दीवाना था लड़की का,
चाहत थी, मदहोशी थी,
बेकरारी थी और एक तकल्लुफ थी।

आवारा था दिल,
आरजू थी, तकदीर मेरी वो,
आशियाना हो आशिकी का,
तरन्नुम हो तबस्सुम का।

मौसम था, प्यार था,
लड़का था, लड़की थी,
इजहार था आगोश का।
सरफरोशी थी बंदिगी की,
बेताब थे, मैं, तुम से हम को।

लड़के ने लड़की का हाथ थामा,
हौले से उसकी अनामिका में,
एक हीरे की अंगूठी पहनाई।
इजहार था लड़के का, धीरे से दिल ये बोला,
मेरी ऊँगली, मेरी अंगूठी है, कहां।

असल जिंदगी है,
अमीरी है, गरीबी है, जाति है, धर्म है,
छल है, झूठ है, फरेब है।
न जाने, क्यों पागल है लड़का, लड़की का।

दिन बीते लड़का, लड़की यूं ही मिलते,
एक मोबाइल, एक करते अनेक थे, लड़की के हाथों में।
इकरार इख्तियार प्यार का था, सोचा उस लड़के ने।

इत्तेफाक था, ये एक तिजारत थी,
एक लड़की का, एक लड़के से।
आज न थी, वो एक अंगूठी, उस लड़की के ऊँगली में।

बस अहसास था लड़के का,

इश्क एक मनोवेग है,

इश्क दास्तान है, दौलत का,

एक लड़के का, एक लड़की के मकड़ जाल का।

* * * * *

143

कर्मगुण से असु हूँ मैं

दो पैरों की किस्मत ले दौड़ रहे है सब।
एक पैर की किस्मत ले कूकत,
मैं कब से।

दो हाथों की किस्मत ले, लिखता मैं,
बिन हाथों के भी, लड़ता वो,
रहबर वो।

दाँव है किस्मत का,
बूझ रहा है,
ज्ञान, विवेक, धर्म, तकरीबन एक सा।
फिर मैं क्यों, राजा, तू रंक है।

गरज है मेरी, मरना किसको,
जीना है, जूझ रहा हूँ,
किस्मत के, उतार चढ़ाव में झूल रहा हूँ।

कुटिलगति का भेरुंड पथिक हूँ।
किस्मत को, क्यों कोस रहा हूँ।
छला स्वयं, कपट जाल कर्म से,
रुंड बना मैं, दुख भोग रहा हूँ।

कर्मगुण से असु हूँ मैं,
अश्रुधारा का रक्तपिपासु,
आह है क्यों, चीख है क्यों,
दुर्वित है ये किस्मत क्यों।

* * * * *

144

एक क्रम था

देख रहा,
बस अड्डे पे बैठा,
आती जाती बसों से, चढ़ते उतरते,
यात्रियों का, भागम भाग का,
एक क्रम था।

रूकती चलती परिवेश में,
कुर्सियां थी, यात्री थे,
उम्र के हर दौर थी।
न जाने मन असमंजस हो, सोच रहा,
क्यों, श्रृंखलाबद्ध तन्मयता का, ऐसा ये,
एक क्रम था।

न चालक की आवाज,
न परिचालक का चिल्लाना, न भोंपू का दबाना।

एक बस आता, दूजा जाता, सिर्फ इनका,
एक क्रम था।

कहा गया वो पानी, चाय,
खोमचे का कोलाहल।
ऐसा क्यों, अराजकता का, वो अपना खोया,
एक क्रम था।

गहमागहमी, गर्म हवायें,
कुर्सियों के पीछे पेय की दुकान,
साथ जलपान गृह, सब कुछ था।
क्यों, वो रेलम पेला न था, बस।
एक क्रम था।

बैठा मैं लीन देख रहा,
क्रिया प्रतिक्रिया, कर्म कर्तव्य ज्ञान का,
ये अद्भुत तारतम्य।
इस निस्तब्धता में,
मैं स्तब्ध मन से ढूंढ रहा था,
वो कोलाहल से छुटता, अपना वो,
एक क्रम था।

* * * * *

145

मन मेरा

बंद आँखों से बहते मोती की,
धारा में बहने की अभिलाषा में,
खारे मोती की बूंदों की माला,
मन मेरा, यूं ही गूँथ रहा है।

बंद आँखों के दर्पण से,
खोये छायों को प्रक्षेपित कर,
तेरी चित्रों की अपवर्तन की काया,
मन मेरा, यूं ही ढूंढ रहा है।

बंद आँखों को खोलू कैसे,
विध्वंस तांडव का खेल, मैं देखूं कैसे,
मन मेरा सहमा, सोच रहा है,
जीवन जीना या न जीना।

बंद आँखों को, लो खोल दिया,
निर्मलता, शुचिता की तलाश में,
मन मेरा, आंखे बंद कर मौन हो,
थम–सा गया है।

* * * * *

146

मैं हूँ

मैं हूँ
मेरी परिभाषा है,
मेरी आशा है,
मेरे दर्पण के पैमाने में,
मैं क्यों तेरी, तस्वीर उकेरूँ।

तुम कैसे हो,
मेरे जैसे, नहीं।
मैं क्यों, तुम जैसी बन जाऊँ।

मेरा जीवन है,
मुझे ही रंगना, इस कूचे को,
मैं तेरे रंग की लाली से,
मैं क्यों मांग सजाऊँ, मैं।

मेरी आशा है,
मेरी इच्छा है,
मेरी उमंग है,
मेरी तरंग है,
मैं क्यों सब भूल के,
मैं तेरी, भूल–भुल्लैया में खो जाऊं, मैं।

मुझे पाना है,
मेरे संग रहना है।
मेरे रंग में तुझे रंगना होगा।
मेरे जीवन के इस नाव की,
मैं खेवैया, तुझको मुझमें ही, खोना होगा।

* * * * *

147

जिंदगी कह रही

जिंदगी दर–बदर,
तलाशते, इधर–उधर,
ले रही, मेरी जबर।

जिंदगी खो गई,
बदहवास, बेखबर, बेजार कर,
इस डगर उस डगर।

जिंदगी कह रही,
तलाशता क्यों मुझे,
चाह नहीं, तेरी डगर।

जिंदगी अजीज थी,
जिंदगी उसी की थी,
जिंदगी में की वफा,

जिंदगी की वो जफा,
जिंदगी ने दी सदा।

जिंदगी अजीब है,
कह रही, ऐ बेवफा,
जिंदगी में तेरी संगति की, वो,
जिंदगी एक शर्मिंदगी थी।

जिंदगी से बंदिगी की,
जिंदगी संगदिल हो, पता नहीं,
नासाज, हो क्यों, मेरी जिंदगी से, ये दरिंदगी की।

जिंदगी रह रही,
इस शहर, उस शहर,
दरबदर, तरबतर, कभी इधर, कभी उधर।

जिंदगी ने इत्तेफाक से,
जिंदगी के इम्तिहान में,
जो रास्ता इख्तियार किया,
जिंदगी के आईने में, बस तेरी ही तस्वीर,
जिंदगी भर उतार ली।

* * * * *

148

शायद

शायद ये होता,
शायद वो होता,
शायद मैं होता,
शायद कुछ न होता।
शायद के इस ऊहापोह में,
यकीनन, शायद, खोई सारी जमी।

शायद की भाषा,
शायद की आशा
शायद का डर,
यकीनन, शायद का ही भविष्य है।

शायद की प्रगति,
शायद की उन्नति,

शायद की इस खेल में,
यकीनन, शायद ने ही की अवनति।

शायद वक्त है,
शायद खुद संभल जाये,
शायद कोई मसीहा आये,
शायद इतने सारे शायदों की परिकल्पना में,
यकीनन, शायद, शायद जपता, जिंदगी हार जाये।

* * * * *

149

प्रतीक्षा, एक मसीहा की!

कठिन है,
शाश्वत है,
निर्विरोध है।
लुंज पुंज,
स्थिर हलकानो,
की सुगबुगाहट में,
ये कैसा गतिरोध है।
लाभ है, हानि है,
धन है, धनाढ्य है,
और है,
आडम्बर की अट्टालिकायें।
जल है अपितु प्यास है,
अन्न है, अन्नदाता है,
किन्तु सर्वत्र ये क्यों भूख है।

बिल्कुल इंसान है,
लेकिन भेद है।
सत्य है ये,
टकराव है,
क्योंकि कुल अर्थ,
कुछ के हाथ है।
दूर खड़ा,
तड़पता, छटपटाता,
झेलता, झंझावात।
देखता टकटकी लगाये।
निस्तब्ध, स्तब्ध,
कुछ निरुत्तर
एक जीर्ण अधमरा इंसान।
प्रतीक्षा, एक मसीहा की!

* * * * *